# 日本型経済システム
## 市場主義への批判

江川美紀夫 著

学文社

# はじめに

　戦後の日本経済は，高い経済成長率，低い失業率，所得分配の平等化という優れた成果を達成した。そして，われわれに豊かな生活と，社会的な安定とをもたらした。こうした戦後日本の経済的成功は，国際的及び国内的な多くの要因によって生み出されたものであるが，その要因の重要な一つが，日本型経済システムである。

　本書では，日本型経済システムを，次のような諸特徴によって構成される経済システムと定義する。すなわち，企業部門における，長期雇用慣行，年功賃金制，企業別労働組合，日本型企業統治，系列取引，政府部門における，ケインズ政策，財政を通じた所得再分配，摩擦調整的な産業政策である。

　日本型経済システム，とくにその中核である企業システムは，日本経済の発展が目覚ましかった1980年代まで，国の内外から高い評価を得ていた。しかしながら，1990年代以降，平成不況と呼ばれる，バブル崩壊以降の長引く不況のなかで，日本型経済システムは，不況の原因と見なされ，さまざまな点において，厳しい批判を浴びるようになった。

　筆者は，この日本型経済システムへの批判に，基本的に賛成できない。こうした批判に沿った経済改革は，日本経済を間違った方向に導くと考える。

　こうして，本書の目的は，日本型経済システムの機能を論じることと，平成不況下での「日本型経済システムへの批判」を批判することである。また，平成不況下で盛んになった「日本型経済システムへの批判」は，本書において市場主義と呼ぶ思想潮流から行われた。従って，「日本型経済システムへの批判」を批判することは，市場主義を批判することでもある。


### 本書の構成

　全体は，3部に分かれる。第Ⅰ部を構成するのは，第1章と第2章である。

第1章と第2章は，共に，日本型経済システムの全体に論が及ぶ。

第1章では，まず戦後日本経済の成果を概観する。次に，日本型経済システムの諸特徴が果たした機能を略述することによって，日本型経済システムの全体像を描く。そして，日本型経済システムが戦後日本経済の成果にどのように寄与したかを論じる。

第2章では，まず平成不況下で盛んになった「日本型経済システムへの批判」の内容を整理する。そして，「日本型経済システムへの批判」を批判する。

第Ⅱ部は，第3章から第6章までである。これらの章は，それぞれ日本型経済システムの諸特徴の一つをテーマとする。

第3章では，長期雇用慣行を取り上げる。長期雇用慣行の長所，長期雇用慣行否定論への批判，平成不況下で長期雇用慣行はどのように変容したのか，あるいは変容しなかったのか，長期雇用慣行のさらなる可能性などを論じる。

第4章では，年功賃金制を取り上げる。年功賃金制の意義，平成不況下で急速に広まった成果主義の問題点，これからの賃金制度の課題などを論じる。

第5章では，日本型企業統治を取り上げる。まず，日本型企業統治の特徴と，その長所，短所，そしてアメリカ型企業統治の特徴と，その長所，短所を論じる。その上で，日本企業にアメリカ型企業統治を導入すべきである，という主張を批判する。また，株式持合の解消，外国人株主の台頭などによって株主からの圧力が強まっているが，日本型企業統治の本質的な性格が失われたわけではないことを論じる。最後に，日本型企業統治の本当の課題は何であるのかを考える。

第6章では，ケインズ的財政政策を擁護する。ただし，本章の目的はそれにとどまらず，より広く，市場主義が供給側を重視するのに対して，需要側を重視するケインズ的な考え方の重要性を説くことである。そのために，まず平成不況下での市場主義の主張を，あらためて整理する。次に，ケインズによる新古典派経済学への批判を振り返る。市場主義は，新古典派経済学を拠り所にしているからである。そして，ケインズの新古典派批判を踏まえて，平成不況下

の市場主義を批判する。

　最後に，第Ⅲ部として，第7章を加えた。第7章では，筆者の基本的な経済観を論じる。本書の基礎にある考えである。


　初出について

　第1章から第4章までは，基本的に書き下ろしである。ただし，以下の論文を，部分的に各章で利用している。

　「日本型企業システムと平成不況」『国際関係紀要』（亜細亜大学）第13巻第1号，2003年12月。

　第5章は，第1節から第3節までは，以下の論文の第2節から第4節までを加筆・修正したものである。第4節，第5節は，書き下ろしである。

　「日本型企業統治の擁護」『国際関係紀要』（亜細亜大学）第14巻第2号，2005年3月。

　第6章は，以下の論文を大幅に書き改めたものである。

　「市場主義の誤り──平成不況への間違った処方箋」『国際関係紀要』（亜細亜大学）第15巻第1号，2005年9月。

　第7章は，以下の論文を加筆・修正したものである。

　「混合経済体制論」『国際関係紀要』（亜細亜大学）第15巻第2号，2006年3月。


　本書の出版に当たっては，学文社の田中千律子社長に御尽力をいただいた。田中氏に，篤く御礼を申し上げる。また，筆者の勤め先である亜細亜大学から，平成19年度，1年間の特別研究奨励制度の適用を受けた。本書を執筆する上で，この研究機会は，大いに助けとなった。亜細亜大学の関係者に，謝意を表したい。

　平成20年3月

江川　美紀夫

# 目　　次

はしがき　i

## 第Ⅰ部　日本型経済システムの全体像

### 第1章　日本型経済システムとその成果 …………………………………… 3
　1．戦後日本経済の成果　3
　2．日本型経済システム　9
　3．日本型経済システムと戦後日本経済の成果　21
　4．市場の役割と政府の役割──「日本株式会社論」の誤解　24
　5．結　び　26

### 第2章　平成不況と日本型経済システム ……………………………………33
　1．日本型経済システムへの批判──市場主義の隆盛　34
　2．「日本型経済システムへの批判」への批判　38
　3．結　び　52

## 第Ⅱ部　日本型経済システムの諸特徴

### 第3章　長期雇用慣行の長所と可能性 ………………………………………57
　1．長期雇用慣行の長所　57
　2．長期雇用慣行を放棄すべきか　60
　3．長期雇用慣行は崩壊したか　62
　4．長期雇用慣行の可能性　65

### 第4章　年功賃金制の意義と成果主義の普及 ………………………………73
　1．年功賃金制の意義　74

2．成果主義の普及　78

　3．成果主義の問題点　84

　4．賃金制度の課題　91

　5．結びに代えて——創造的な仕事と賃金制度　94


第5章　日本型企業統治の擁護……………………………………………101

　1．日本型企業統治　102

　2．アメリカ型企業統治　106

　3．アメリカ型企業統治への転換を図るべきか　109

　4．日本型企業統治は失われたか　113

　5．結び——新原浩朗『日本の優秀企業研究』が教えてくれること　118


第6章　市場主義の誤り——平成不況への間違った処方箋………………125

　1．平成不況下の市場主義　126

　2．市場主義の誤り——「有効需要の原理」の再確認　129

　3．平成不況下の市場主義の誤り　134

　4．結　び　140


　　　　　　　　　　第Ⅲ部　混合経済体制論


第7章　混合経済体制論……………………………………………………145

　1．市場経済の意義　146

　2．政府の役割　151

　3．混合経済体制の多様性　158

　4．結　び　164


参考文献……………………………………………………………………169
索　　引……………………………………………………………………177

# 第Ⅰ部

# 日本型経済システムの全体像

# 第1章

# 日本型経済システムとその成果

　本章の目的は，本書において日本型経済システムと呼ぶものの全体像を描くことと，それが戦後日本経済の成果にどのように寄与したかを，論じることである。

　まず第1節では，高い経済成長率，低い失業率，所得分配の平等化という戦後日本経済の成果について，概観する。第2節では，日本型経済システムの諸特徴が果たした機能を略述することによって，日本型経済システムの全体像を描く。第3節では，第2節でみた日本型経済システムが，第1節でみた戦後日本経済の成果に，どのように寄与しているかを考える。第4節では，「日本株式会社論」にみられる誤解，すなわち戦後日本経済の発展において政府が果たした役割に関する過大評価を，指摘する。第5節は，結びである。

## 1．戦後日本経済の成果

　戦後日本経済は，「少なくとも1980年代までは」という限定を付すべきであろうが，目覚ましい成果を上げた。それは第一に，高い経済成長率を達成し，国民の間に経済的豊かさを実現した。第二に，失業率が非常に低く，完全雇用に近い状態を維持した。第三に，戦前と比べて，所得分配が平等化した。本節では，これらの点を，少し詳しく見ておきたい。

### 高い経済成長率

　本書では，戦後の日本経済を，四つの時期，すなわち戦後復興期，高度成長

表1-1 戦後日本の経済成長率

| 時代区分 | 期間（年度） | 経済成長率（年平均） |
|---|---|---|
| 戦後復興期 | 1946～1955 | 8.9% |
| 高度成長期 | 1956～1973 | 9.1% |
| 安定成長期 | 1974～1990 | 3.8% |
| 平成不況期 | 1991～現在 | 1.3% |

(注1) 1946～1955年度は実質GNE成長率。ただし，1953，54，55年は暦年。1955年度以降は実質GDP成長率。
(注2) 平成不況期の経済成長率は1991～2006年度の平均値。
(出所) 1946～1955年度は日本統計協会編［1988］参考13-4表，1956年度以降は内閣府「国民経済計算」。

期，安定成長期，平成不況期に区分して考える（表1-1参照）。

戦後復興期は，1946年から1955年までの期間である。第2次大戦後，焦土と化した日本にとって，経済復興が第一の課題であった。この期間，その復興需要によって，年平均8.9%と，経済成長率は，かなり高かった。その結果，1955年には，経済水準は戦前のピークを超えた[1]。「もはや戦後ではない」という有名な言葉が発せられたのは，1956年の『経済白書』においてである[2]。

高度成長期は，1956年から1973年までの期間である。この期間の年平均の経済成長率は9.1%である。期間後半の「いざなぎ景気」では，10%を超える経済成長率が4年間続いた。この期間，他の先進諸国も総じて好景気であり，経済成長率が高かったのであるが，その中でも，日本の年平均9.1%という成長率は，群を抜いて高かった（表1-2参照）。この期間には，交通網などの社会資本の整備が進むとともに，テレビ，冷蔵庫，洗濯機などの一連の家電製品が国民生活に急速な勢いで浸透し，日本国民は，経済的な豊かさを手に入れることになった。1968年には，GNPの大きさが，旧西ドイツを追い越し，世界第2位となった。日本は，「経済大国」へと発展したのである。また，こうした経済成長を基礎に，1人当たりGNPも，1970年代には，先進国レベルに達した。

安定成長期は，1974年から1990年までの期間である。この期間の年平均の経

表1-2　先進諸国の経済成長率，1900〜87年（年平均）

（単位：％）

| 国　名 | 1900〜13年 | 1913〜50年 | 1950〜73年 | 1973〜87年 |
|---|---|---|---|---|
| オーストラリア | 3.1 | 2.1 | 4.7 | 2.9 |
| オーストリア | 2.4 | 0.2 | 5.3 | 2.2 |
| ベルギー | 2.4 | 1.0 | 4.1 | 1.8 |
| カナダ | 6.3 | 3.1 | 5.1 | 3.4 |
| デンマーク | 3.2 | 2.5 | 3.8 | 1.8 |
| フィンランド | 2.9 | 2.7 | 4.9 | 2.8 |
| フランス | 1.7 | 1.1 | 5.1 | 2.2 |
| 西ドイツ | 3.0 | 1.3 | 5.9 | 1.8 |
| イタリア | 2.8 | 1.4 | 5.5 | 2.4 |
| 日本 | 2.5 | 2.2 | 9.3 | 3.7 |
| オランダ | 2.3 | 2.4 | 4.7 | 1.8 |
| ノルウェー | 2.7 | 2.9 | 4.1 | 4.0 |
| スウェーデン | 2.2 | 2.7 | 4.0 | 1.8 |
| スイス | 2.6 | 2.6 | 4.5 | 1.0 |
| 英国 | 1.5 | 1.3 | 3.0 | 1.6 |
| 米国 | 4.0 | 2.8 | 3.7 | 2.5 |
| OECD平均 | 2.9 | 2.0 | 4.9 | 2.4 |

（出所）Maddison［1989］Table 3.3

　済成長率は，3.8％である。1973年の第1次石油ショックをきっかけにして，日本の高度経済成長は終わる。20年近くにわたって，成長率が年平均約9％という，たいへんな勢いで成長してきた日本経済は，70年代には，年平均約4％というレベルに，急激に減速することになった。そして，80年代の経済成長率も，70年代とほぼ同様のレベルであった。ただし，この期間には，他の先進諸国もおしなべて，経済成長率が低下する。年平均約4％という日本の経済成長率は，この期間において，他の先進諸国と比べたとき，最も高い値であった（表1-2参照）。その結果，日本は，「経済大国」としての地位を，ますます高めることになった。また，日本の経済的成功は，国際的にも，大いに関心を集めることになった。

　平成不況期は，1991年から現在までの期間である。バブル経済の崩壊後，日本経済は，長い不況に沈むことになる[3]。この期間の年平均の経済成長率は，

1.3％である。これは，この期間の主要先進国のなかで，最も低い数字である。日本は，戦後，1980年代までは，先進諸国のなかでも，最も経済成長率の高い国であったのが，一転して，1990年代以降は，先進諸国のなかで，最も経済成長率の低い国になってしまった。

このように，戦後，1980年代までは，破竹の快進撃を続けた日本経済であるが，1990年代以降は，大変なスランプに陥ることになる。とは言え，90年代以降において，日本経済の規模が縮小したわけではない。90年代以降も，僅かではあるが，平均的には，日本経済は成長を続けたのである。

こうした戦後日本の経済成長は，日本経済の規模を巨大なものにするとともに，われわれ国民に高水準の経済的豊かさをもたらした。今日，日本のGDPの大きさは，アメリカに次いで，世界第2位であり，世界全体のGDPの約1割を占める。また，1人当たりGDPの大きさも，世界の上位にある。

### 低い失業率

図1-1に示されているように，戦後の日本経済は，失業率が低い水準で推移した[4]。高度成長期，1960年代から70年代前半にかけて，失業率は，1％台で推移する。安定成長期に入り，失業率は上昇するのであるが，1976年に2％台に乗った後，90年代前半まで2％台を維持する。景気が厳しく冷え込んだ平成不況期に入っても，当初の数年は，2％台であった。しかし，1995年に3％を超え，98年に4％を超え，2001年に5％を超えると，不況の長期化とともに，失業率は急激に悪化した。ただし，04年以降，景気回復とともに4％台に戻り，07年は3.9％である（総務省「労働力調査」）。

戦後の全期間を見渡したとき，諸外国と比べて，日本の失業率の低さは特徴的であるが，それが，とくに際立つのは，安定成長期以降である。高度成長期は，他の先進諸国も総じて好景気であり，失業率も概して低かった。ところが，安定成長期以降，つまり1970年代以降になると，日本の失業率の上昇は僅かである一方，他の先進諸国の失業率は目立って上昇する。また，他の先進諸国の

図1-1 主要先進国の失業率の推移

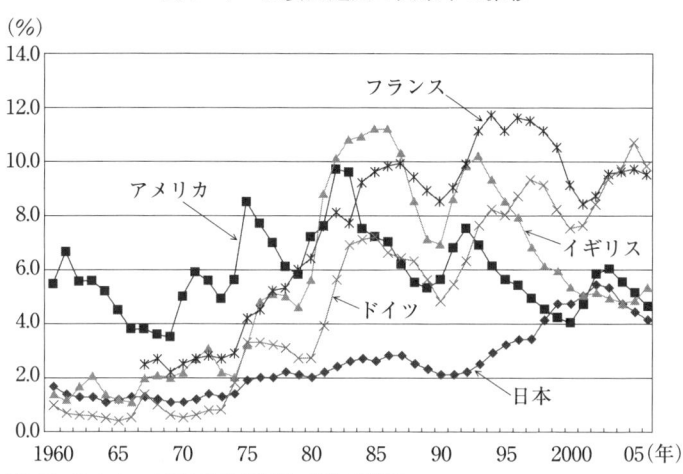

(注1) ドイツ，イギリスはEU統一基準の数値。
(注2) フランスは1967年以降の数値。
(出所) 日本は総務省「労働力調査」，その他の国は内閣府政策統括官室［2007］
　　　（資料2）項目別経済統計6。

失業率は景気に対して敏感に反応する一方，日本の失業率は景気に対する感応度がきわめて鈍いことも，特徴である。

　しかし，平成不況期に入ると，先にも述べたように，当初は2％台を維持したが，その後，日本の失業率は，急速に悪化する。ただし，この時期の4％台，5％台という失業率は，他の先進諸国と比べたとき，必ずしも悪い方ではない。ヨーロッパ諸国では，10％前後という失業率は，めずらしくないのである。

　このように戦後の日本経済は，少なくとも1990年代前半まで，国際的にみて，きわめて低い失業率を維持した。この低い失業率は，国民生活を安定化するとともに，所得分配の平等化に貢献した。しかし，平成不況の長期化に伴い，低失業率という日本経済の特徴が危うくなっている。ただし，近年は，景気回復に伴い，4％台，さらには4％を切るまでに改善し，失業率の悪化という問題は，一息ついている。また，こうした一方，非正規雇用の増大という雇用条件の悪化が問題化している（第3章表3-2参照）。

### 所得分配の平等化

所得分配の不平等の計測は，一般に難しい問題を伴う。とくに戦前の日本については，統計資料が整備されていないことによって，その困難は倍加する。しかし，これまでの研究の蓄積は，日本の所得分配の長期的な変化について，次のような「大きな流れ」を教えてくれる[5]（図1-2は，こうした研究の一つである）。

(1) 戦前に比べて，戦後において，著しく平等化した。

(2) 戦前においては，時間の経過とともに，つまり工業化が進むとともに，不平等化した[6]。

(3) 戦後は，1950年代の後半に不平等化するが，60年代は平等化する。そして，70年代はほぼ安定的に推移した後，80年代から不平等化する。

このように，戦後の日本では，所得分配の平等化が進み，1970年代，80年代には，「一億総中流社会」などと呼ばれることになる[7]。この分配の平等化は，戦後日本に，社会的安定をもたらした[8]。また，後の第3節で論じるが，分配の平等化は，経済成長のための基礎的な条件も提供した。

しかし，1980年代以降に，不平等化する。この不平等化は趨勢として今日ま

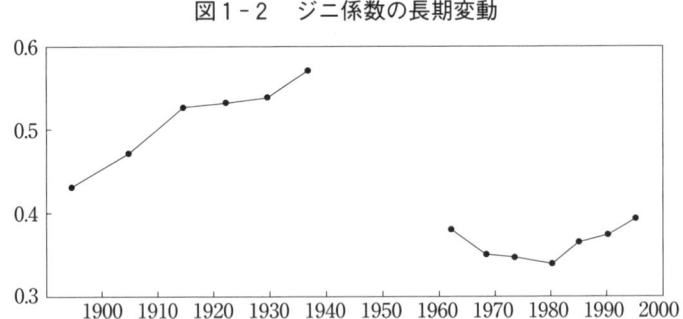

図1-2 ジニ係数の長期変動

（注1）ジニ係数は，所得分配の不平等度を示す代表的な指標であり，0から1の値をとり，0に近いほど平等であり，1に近いほど不平等である。

（注2）1895, 1905, 1915：南による暫定的推計。1923, 1930, 1937：南推計。戦後：溝口・寺崎推計。

（出所）南[2002]図11-2。原資料は南[2000]表5。

で続いており,「格差社会」問題を引き起こしている (第2章第2節(4)参照)。

　以上のように,戦後の日本経済は,目覚ましい成果を上げた。高い経済成長率,低い失業率,所得分配の平等化は,国民全体に経済的豊かさを浸透させ,国民生活の安定と,社会秩序の安定を,達成した。ただし,1990年代以降の長い不況によって,こうした日本経済の成果が壊れかけてきている,というのが現状である。

　また,戦後の日本経済には,平成不況期以前から,すばらしい「光」の部分だけではなく,「影」の部分があった。例えば,公害問題(環境問題)である。あるいは,住宅の狭さや,公園,下水道など,生活関連の社会資本の不足が,日本人の「豊かさ」を底の浅いものにしている,と言われてきた。あるいは,長時間労働という問題もある。あるいは,経済を超える次元で言えば,利益の追求,個人的自由の解放,経済的豊かさの達成などがもたらす,文化的退廃という現象も生じている。

　このような「影」の部分にも,われわれは目を届かせなければならない。しかし,以上に述べたような戦後日本経済の成果の意義は,決して小さなものではないと考える。

## 2. 日本型経済システム

　前節で論じた戦後日本経済の成果は,さまざまな要因が複合的に作用して,生み出されたものであるが,その要因の重要な一つが,日本型経済システムである。

　ここで日本型経済システムと呼ぶものは,次のような諸特徴によって構成される経済システムである。すなわち,企業部門における,長期雇用慣行,年功賃金制,企業別労働組合,日本型企業統治,系列取引,政府部門における,ケインズ政策,財政を通じた所得再分配,摩擦調整的な産業政策である。

　本節の目的は,これらの個々の特徴が果たした機能を略述することによって,

日本型経済システムの全体像を描くことである。個々の特徴のいくつかについては，後の章において，より詳しく論じられる。

また，日本型経済システムが日本経済に普及するようになるのは，高度成長期以降であり[9]，1980年代にその絶頂期を迎えることになる。しかし，1990年代以降，深刻な不況が続くなかで，その形は変容しつつある。この変容については，後の諸章で論じる。

まず，企業部門の諸特徴は，以下のようである[10]。

### 長期雇用慣行

長期雇用慣行とは，文字通り，同一企業に長く勤め続ける，という雇用慣行のことである。典型的には，学校を卒業して，最初に入社した企業に定年まで勤め続ける，という形態をとる。長期雇用慣行は，業績不振に陥ってもできるだけ解雇は避ける，という企業と従業員との間の信頼関係に基づく[11]。

長期雇用慣行には，雇用の安定を通じて，従業員の生活の安定を図る，という社会的な意義がある。それとともに，企業組織の効率性を高める機能をもち，経営側にとっても大きな利点がある。

長期雇用慣行は，従業員に技能形成，とくに企業特殊的技能の形成を促す。企業には，その企業だけでしか通用しない技能が存在する。これを企業特殊的技能と呼ぶが，企業特殊的技能を身に付けるためには，一定期間以上，その企業に勤め続ける必要がある。つまり，長期雇用慣行は，熟練した従業員を育成するのである。

また，長期雇用慣行の下では，企業のメンバーが固定的になる。つまり，同じ顔触れの従業員が，同じ企業内で，長く一緒に仕事をすることになる。それは，従業員間の情報の交換・共有・蓄積を進めるとともに，従業員間の協調性（チームワーク）や信頼関係を高める。こうした点からも，長期雇用慣行は，企業組織の効率性を高める（長期雇用慣行については，第3章で，より詳しく論じる）。

**年功賃金制**

　年功賃金制とは，年齢あるいは勤続年数が増えるとともに，賃金が上昇する賃金制度である。年功賃金制には，従業員の生活を保障するという面がある。一般に，年齢が増すに伴い，生計費は上昇する。学校を卒業したばかりの若い頃は，独身であり，それほど生計費は掛からないが，やがて結婚し，子どもをもち，子どもが学齢期に達し，というような人生の段階に応じて，生計費は上昇する。年功賃金制には，こうした年齢の上昇に伴う生計費の上昇に対応して，従業員の生活を保障するという面がある。

　しかし，日本の年功賃金制の実際を，生活保障という理由だけで説明することはできない。企業は，利益を上げるため，経済合理性を追求しなければならない。生活保障という従業員福祉だけを目的とする企業が，存続することは困難である。

　企業経営にとっては，従業員に，勤労と技能形成に励んでもらう必要がある。そのため，日本企業では，個々の従業員の勤務態度や技能を査定し，その評価に基づき，賃金上昇の幅を決める。評価が高ければ上昇が大きいし，評価が低ければ上昇は小さい。年功賃金制と言っても，努力や能力や実績の如何に拘わらず，勤続年数とともに賃金が同一に上昇するわけではなく，その実際は，従業員間で，賃金上昇の程度に差が付くのである。この差は，一般に，若年においてはほとんど付かないが，年齢の上昇とともに大きくなる。こうした制度的工夫によって，日本企業は，従業員に勤労と技能形成に励むよう，誘因を与えている。日本企業の年功賃金制には，能力主義の要素が加味されている，と言うことができる。

　また，年功賃金制には，若いうちは賃金は安いが，中高年になると高い賃金がもらえる，とすることによって，その企業がせっかく育てた熟練した従業員の定着を図る（転職を防止する），という目的もあると考えられる（年功賃金制については，第4章で，より詳しく論じる）。

**企業別労働組合**

　日本の労働組合は，企業別労働組合が一般的である。すなわち，労働組合が企業ごとに組織され，職種に拘わりなく，同じ企業に働く労働者たちが，一つの組合を形成する。これは，欧米において一般的である，職業別労働組合や産業別労働組合と対比される。職業別労働組合とは，同じ職種に従事する労働者が企業横断的に組織される組合であり，産業別労働組合とは，同じ産業に属する労働者が企業横断的に組織される組合である。

　日本企業には，職業別や産業別ではなく，企業別組合が適している。なぜならば，（詳しくは第3章，第4章で論じるが）長期雇用慣行，職場ローテーションや柔軟な職務編成，年功賃金制などを特徴とする日本企業においては，企業内の組織化が濃密であり，企業内の労働市場（内部労働市場）は，企業外の労働市場（外部労働市場）からの影響が小さく，両者は，ほとんど分断されている。そうであれば，賃金などの労働条件は，企業内で交渉し，決めることが，理にかなっている[12]。労使交渉は，それぞれ異なる事情を抱える企業ごとにすることが自然であるし，頻繁に配置転換が行われ，さまざまな職種に就く日本の労働者をまとめるには，職業別労働組合では，明らかに無理がある。

　こうした日本の企業別労働組合は，労使協調的な性格をもつ。それは，長期雇用慣行，年功賃金制の下では，企業の長期的な発展が，労働者の利益にもなるからである。したがって，例えば，労働組合は，設備投資資金の確保に協力し無理な賃上げを要求しない，あるいは新技術の導入（合理化）に対して協力的な対応をする，などの行動をとることになる。これに対して，経営側も，雇用の維持をはじめとして，労働条件の向上に配慮する。それは，労働者の勤労意欲を高めること，そして優秀な労働者を集めることに資するからである。

　ただし，企業別労働組合が必ず労使協調的になる，という訳ではない。日本でも，昭和20年代には，激しい労働争議が頻発した。この苦い経験から，労使双方とも，労働争議が企業に対しても，労働者に対しても，いかに大きな損害を与えるかを，知ることになった。つまり，労使協調の大切さを，学んだので

ある。こうして昭和30年代に入ってから，すなわち高度成長期以降，日本に「労使協調」路線が根付いていくことになる。

### 日本型企業統治

日本企業の経営には，一般に，アメリカ企業のそれと顕著な違いがある。アメリカ企業では，株主の利益が第一に優先される。例えば，企業業績を高め，株価を上げるため，比較的容易に従業員を解雇する。これに対して，日本企業では，従業員との協調的関係が重視される。例えば，企業業績が不振でも，雇用の維持に努力し，できるだけ解雇は避けようとする。日本企業においても，むろん株主の利益に配慮されるが，株主の利益が第一に優先されるわけではない。

こうした日本企業の経営は，企業相互の株式持合という手段によって，支えられている。日本企業は，企業間で相互に株式を持うことによって，安定株主の形成を図る。安定株主とは，短期的な投資利益を目的として株式を保有するのではなく，株式を長期的に（つまり「安定的」に）保有する株主である。安定株主は，経営危機に陥った例外的な場合を除いて，経営への口出しをしない，「物言わぬ株主」である。日本企業は，株式の過半数あるいはそれに近い割合を安定株主に保有してもらうことによって，敵対的な企業買収をはじめとした，株式市場からの圧力を，防いできた。

利殖だけを目的とする株主は，目先の利益の追求に走りがちである。そうした短期的な視野に基づく株価の動きに，企業経営が左右されることを，株式の持合は，防ぐのである。株式の持合は，株式市場からの圧力を相当程度遮断し，経営者が長期的な展望に基づき経営の主導権を握ることを，可能にする。また，日本企業の経営者は，内部昇進が一般的であり，従業員代表という性格をもっている。

こうして，日本企業の経営の特徴を，次のように整理できる。「株式の持合によって株式市場からの短期的な圧力を遮断し，従業員との協調的な関係を重

視した，内部昇進の経営者によって担われる，長期的な視野に立った経営」。これを，日本型企業統治と呼ぶ。

　企業が発展するためには，設備投資や研究開発や人材育成などを，短期的な利益を犠牲にしてでも，長期的な視野から行う必要があるが，日本型企業統治の長所は，こうした経営を可能にすることにある（日本型企業統治については，第5章で，より詳しく論じる）。

### 系列取引

　系列取引とは，中核企業（完成品メーカー）と系列企業（部品メーカー）との間に形成される長期的・継続的な取引関係のことである。系列取引は，諸外国でも見られるが，日本において，より広範に存在する[13]。

　系列取引は，その時その時で取引が完結する短期的な市場取引と，企業内部に統合された部門間の取引との，中間的な形態である。要するに，市場と内部組織の中間形態である。

　系列取引は，短期的な市場取引と企業内部での取引の，双方の短所を抑制し，双方の長所を利用しようとする，制度的な工夫と考えることができる。

　市場取引には，言うまでもなく，買い手間にせよ，売り手間にせよ，競争を促すという長所がある。しかし，短期的な市場取引には，関係特殊的投資を妨げるという短所がある。関係特殊的投資とは，買い手企業の要望に合わせて特殊化した製品を生産するために必要となる，売り手企業側の投資のことである。短期的な市場取引では，売り手企業は，買い手企業から，いつ取引を打ち切られるか分からない。従って，関係特殊的投資に掛けた費用を，回収できない恐れが大きい。このリスクが，売り手企業が関係特殊的投資を行うことを，妨げる。

　この問題を解決する一つの方法は，売り手企業を買収するか，あるいは同様の製品を生産する部門を企業内部に新たに設けるか，いずれにせよ当該取引を内部組織化することである。そうすれば，取引が打ち切られるリスクは消滅し，

企業内に組み込まれた当該部門は，その企業から求められる投資を行うであろう。しかし，こうした内部組織化には，別の短所がある。企業内に組み込まれた当該部門は，同様の製品を生産する他企業との競争に晒されることがない。それは，当該部門の品質向上や費用削減の努力を低下させるであろう。また，内部組織化によって，組織が肥大化するならば，経営管理上のさまざまな非効率が引き起こされる。

このように，短期的な市場取引にも長所と短所とがあり，企業内部での取引にも長所と短所とがある。系列取引は，中核企業と系列企業との間で「信頼」を醸成することによって，関係特殊的投資の促進をはじめとして，両者の緊密な協力関係を形成する。つまり，市場取引の短所を抑制し，組織的取引の長所を利用する。また，系列企業間の競争を促すことによって効率性を促進するとともに，企業組織の肥大化を防ぐ。つまり，組織的取引の短所を抑制し，市場取引の長所を利用する。

系列取引も，日本企業の効率化を進め，その国際競争力を高めている重要な要因である。

以上が企業部門の諸特徴であるが，これらの特徴は，相互に密接に関連し，補完的に作用している[14]。例えば，長期雇用慣行には企業組織の効率性を高める機能があるが，その機能は，年功賃金制によっていっそうの向上が図られる。また，長期雇用慣行，年功賃金制によって企業内の組織化が濃密であれば，企業別労働組合が適している。また例えば，日本型企業統治によって，長期雇用慣行，年功賃金制，企業別労働組合との労使協調，系列取引は，守られている。あるいは，長期雇用慣行，年功賃金制，企業別労働組合，系列取引などの慣行の下では，従業員や系列企業の利害関心が，日本型企業統治を要請している，とも言える。こうした相互に関連する諸特徴によって形成される企業システムを，日本型企業システムと呼ぶことにしよう。日本型企業システムは，日本型経済システムの部分システムである。

次に，政府部門の諸特徴は，以下のようである[15]。

**ケインズ政策**

ケインズ政策とは，言うまでなく，ケインズの「有効需要の原理」に基づいた総需要管理政策のことであり，景気の安定化を図るための政策である。第2次大戦後，ケインズ理論は広く受け入れられ，先進各国は，ケインズ政策を採用するようになる。日本も，その例外ではなかった。しかし，とくに1970年代以降，ケインズ政策の問題点が目立つようになり，ケインズ政策は，さまざまな批判を浴びるようになった。

ケインズ政策に関しては，肯定的な議論もあれば，否定的な議論もある。ケインズ政策をどう評価するかは，まさに経済学上の一大争点として，さまざまな論議が行われてきた。いまだ論争途上であり，今後も簡単に決着することはないであろう。この論争の詳細はマクロ経済学の教科書など他書に譲ることにして，ここでは次のことを述べておきたい（また，平成不況期におけるケインズ政策について，第2章第2節(3)及び第6章第3節(1)で論じる）。

ケインズ政策は万能ではない。ケインズ政策を行っても，景気が十分に回復しない場合もある。また，政策の発動のタイミングを誤り，景気を却って不安定化させてしまう場合もある。さらに，ケインズ政策には，財政赤字という弊害が伴うし，乱用すれば高率のインフレーションも引き起こす。あるいは，無駄な財政支出が行われるという問題もある。ケインズ政策の採用に当たっては，こうした弊害や副作用への十分な注意が必要である。

しかし，ケインズ政策を否定すべきではない。ケインズ政策を否定するということは，景気循環に関して，市場経済のあるがままに任せる，ということである。しかし，それではたして，経済の安定化を図れるだろうか。現実の経済は不確実性に取り囲まれており，それゆえ，必然的に景気循環が発生する。1930年代の世界大恐慌の例を持ち出すまでもなく，市場経済は，かなり不安定な機構であると捉えるべきである。そうであれば，ケインズ政策を手放すべき

表1-3 経済成長率(実質GDP成長率)の分散

| 期間(暦年) | 経済成長率の分散 |
| --- | --- |
| 1886～1936 | 17.58 |
| 1886～1918 | 15.99 |
| 1919～1936 | 21.60 |
| 1956～1995 | 12.97 |
| 1956～1973 | 6.26 |
| 1974～1995 | 3.16 |

(出所)岡崎[1999]表1。

ではないと考える。

戦後日本においても、ケインズ政策は、経済を安定化させる役割を果たした[16]。ケインズ政策の誤用が景気を却って不安定化したケースもあるが、大局的には、ケインズ政策は、景気の安定化に寄与し、戦後日本の経済発展にプラスの効果をもった。表1-3は、それを示唆するデータである。

ここでは、経済成長率の分散で経済の安定性を測っている[17]。そして、経済の安定性について、1930年代のケインズ革命の以前と以後、すなわち戦前(1886～1936年)と戦後(1956～1995年)とを比較している。これによれば、戦前と比べて戦後は、経済が格段に安定化している。また、ここには、戦後について1973年までの高度成長期とそれ以後の時期で年平均の経済成長率に大きな違いがあることを考慮して、戦後を1956～73年と1974～95年の二つの時期に分けて、経済成長率の分散が計算されている。これによれば、戦前と戦後の安定性の格差はさらに大きくなる。

ケインズ政策は、日本型経済システムの一環として、市場経済の不安定性を緩和し、戦後日本の経済的成功に貢献した。

### 財政を通じた所得再分配

財政には、よく知られているように、所得の再分配機能がある。これは、財政を通じて、高所得層から低所得層へ所得の一部を再分配し、所得の不平等を

緩和することである。その方法，すなわち再分配政策は，歳入（政府の収入）面と，歳出（政府の支出）面との，二つに大きく分けられる。

歳入面では，所得税，住民税，相続税などが累進課税であり，高所得者ほど，あるいは相続財産が大きいほど，高い税率が課せられ，所得や資産の格差縮小が図られる。

歳出面では，生活保護，年金，医療保険，雇用保険などの社会保障支出が，所得格差を縮小する効果をもつ。また，国民に平等に分配される義務教育費も，その財源について高所得層ほど大きな負担をしているので，再分配効果をもつと言える。同様に，公共財も，国民に平等に利用されると考えるならば，その供給は，再分配効果をもつ。公共財には，国防，司法，警察をはじめとした公共サービスや，道路，下水道，公園などの公的に供給される社会資本が含まれる。

市場経済は，不可避的に，所得の大きな不平等を発生させる。この不平等をある程度是正することは，今日，社会的に広く受け入れられている。そして，日本を含めた先進諸国において，再分配政策が，大規模に行われている。

表1-4は，日本において，税制と社会保障制度が，どの程度不平等を緩和する役割を果たしているのかを示すデータである。ここで当初所得とは，雇用者所得，事業所得，財産所得などの合計であり，所得から税金や社会保険料が差し引かれる前の所得である。再分配所得とは，当初所得から税金，社会保険料を差し引き，社会保障給付（現金，現物）を加えたものである。このデータから，税と社会保障のそれぞれが再分配効果をもち，とくに1980年代以降においては，社会保障のそれが大きなものであることが分かる。

また，地方交付税や補助金によって，所得水準の地域間格差の是正が図られてきた，という点にも注目すべきである。財政を通じて，1人当たり所得の高い大都市圏からそれが低い地方への，所得の再分配が行われてきたのである。図1-3には，どの都道府県から国税を徴収し，どの都道府県に補助金（地方交付金，地方譲与税，国庫支出金の合計）を分配したかが，1人当たりで示さ

第 1 章　日本型経済システムとその成果　19

表1-4　所得再分配による所得格差是正効果

|  | 当初所得の<br>ジニ係数 | 再分配所得の<br>ジニ係数 | 再分配による<br>ジニ係数の<br>改善度（%） | 税による<br>ジニ係数の<br>改善度（%） | 社会保障によ<br>るジニ係数の<br>改善度（%） |
|---|---|---|---|---|---|
| 1962 | 0.3904 | 0.3442 | 11.8 | — | — |
| 1967 | 0.3749 | 0.3276 | 12.6 | 3.7 | 8.7 |
| 1972 | 0.3538 | 0.3136 | 11.4 | 4.4 | 5.7 |
| ⋮ |  |  |  |  |  |
| 1981 | 0.3491 | 0.3301 | 10.0 | 5.4 | 5.0 |
| 1984 | 0.3975 | 0.3824 | 13.8 | 3.8 | 9.8 |
| 1987 | 0.4049 | 0.3879 | 16.5 | 4.2 | 12.0 |
| ⋮ |  |  |  |  |  |
| 1999 | 0.4720 | 0.3814 | 19.2 | 2.9(1.3) | 16.8(17.1) |
| 2002 | 0.4983 | 0.3812 | 23.5 | 3.4(0.8) | 20.8(21.4) |
| 2005 | 0.5263 | 0.3873 | 26.4 | 3.2 | 24.0 |

（注1）ジニ係数については，図1-2の（注1）を参照。
（注2）「税によるジニ係数の改善度」及び「社会保障によるジニ係数の改善度」について，2005年調査から計算方法が新しくなった。1987年以前については旧計算方法による数値，1999年以降については新計算方法による数値である。ただし，（ ）内に，1999年，2002年の旧計算方法による数値を示した。
（出所）厚生労働省「所得再分配調査」（概ね3年おきに実施）。

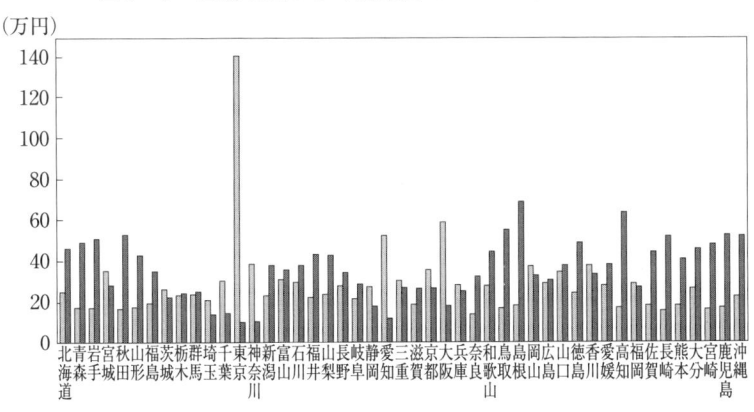

図1-3　国税と国からの補助金（1人当たり，2002年度）

（出所）土居他［2005］図6。原資料は国税庁「国税庁統計年報書」，総務省「地方財政統計年報」。

れている。これによれば，東京，大阪，愛知という大都市圏で多くの国税が徴収され，北海道，東北，中国，四国，九州地方は国税より多くの補助金が分配されている。言うまでもなく，1人当たりの国税が多い（少ない）地域は，1人当たりの所得が高い（低い）。また，こうした補助金の配分は，地方における雇用の維持にも貢献した。

こうした政策によって，国全体の均衡のとれた経済発展が目指されてきたのである。

### 摩擦調整的な産業政策[18]

経済成長とは，産業部門間の不均衡な発展を伴う。この不均衡な発展を放置すれば，その格差が引き起こす社会的な摩擦によって，経済成長それ自体が困難になる。従って，そうした摩擦を緩和するような政策措置が必要になる。

戦後日本においては，製造業大企業を中心とした高生産性部門と，零細な事業者や中小企業の低生産性部門との間の格差，という問題が生じた。低生産性部門は，農業，流通，サービス，運輸，建設など，日本の産業の広範に見ることができる[19]。

そして，この格差を縮小するため，低生産性部門への保護的施策が行われてきた。すなわち，そうした産業部門において，参入規制，料金規制などの政府規制によって，市場競争の働きが制限されてきた。また，低生産性部門に対して，税制上の優遇措置，政策金融，補助金などによる支援も行われてきた。また，こうした保護的施策の対象になる産業は，過半の労働者を吸収してきた。

低生産性産業を保護することは，その産業に働く人々の雇用と所得を安定させる。もしも保護を廃止すれば，そうした産業は，市場の競争圧力にもろに晒されることになる。それは，その産業の効率化を促すとともに，失業者を発生させるであろう。あるいは，競争圧力の強まりは，その産業の製品価格を低下させるとともに，その産業に働く人々の所得を低下させるであろう。こうした事態を防止するという意味で，低生産性産業への保護的施策は，多くの人々の

雇用と所得を安定させる役割を果たしてきた。そして，それは，高生産性部門に働く人々と低生産性部門に働く人々との所得格差を縮小することによって，社会全体の所得分配の平等化に寄与してきた。産業保護政策は，分配政策の機能を担ってきたのである。

また，石炭等の衰退産業に対しても，さまざまな保護・助成が行われ，当該産業からの退出に伴う社会的摩擦の緩和が図られてきた[20]。こうした政策措置も，摩擦調整的な産業政策の一環である。

## 3．日本型経済システムと戦後日本経済の成果

本節では，前節に述べた日本型経済システムが，第1節に述べた（とくに1980年代までの）戦後日本の経済的成果にどう寄与しているかを，改めてまとめておきたい。また，戦後日本の経済的成果を生み出した，日本型経済システム以外の要因についても，簡単に触れておく。

### 高い経済成長率との関係

企業部門においては，長期雇用慣行，年功賃金制，企業別労働組合の下で，従業員の技能形成が促進されるとともに，企業内の緊密な協調関係が築かれた。系列取引は，中核企業と系列企業との間に緊密な協力関係を形成するとともに，系列企業間に競争を促し，効率的な生産ネットワークを築いた。日本型企業統治は，長期雇用慣行，年功賃金制，系列取引などを保障するとともに，長期を見据えた設備投資や研究開発を可能にした。こうして日本型の企業システムは，高い生産効率を達成し，経済成長に貢献した。

政府部門は，ケインズ政策が，景気変動を安定化させ，順調な経済発展に寄与した。「財政を通じた所得再分配」と「摩擦調整的な産業政策」は，すぐ後にも述べるように，所得分配の平等化に貢献したのであるが，所得分配の平等化は，次のような点で，経済成長に寄与した。

一つに，社会的な安定を達成し，経済成長に寄与した。社会的な安定は，経

済成長の基礎条件である。社会的な安定の崩壊，すなわち社会的な憎悪・対立の激化や治安の悪化は，経済成長を困難にする[21]。

　二つに，健康や教育など，国民の基礎的な生活条件を改善することによって，労働生産性を向上させ，経済成長に貢献した。

　三つに，一般に高所得層は貯蓄率が高く，低所得層は貯蓄率が低いので，所得分配の平等化は，有効需要を増やし，経済成長に資する。

　ただし，日本型経済システムだけが，日本の高い経済成長率を説明する要因ではない。他にも，さまざまな要因がある[22]。詳しい説明は省略するが，それらを以下に列挙する。「冷戦の下，日本の周辺は平和な国際環境が維持された」「IMF・GATT体制によって自由貿易が進展した」「世界的な潮流として，技術革新に基づき大衆消費社会が到来した」「高度成長期はキャッチアップ型経済であり，先進国からの技術導入によって早い技術進歩が可能であった」「貯蓄率が高かった」「農村部から都市部への（つまり，農業から製造業などより生産性の高い分野への）大量の労働力移動があった」「豊富な若年労働力が存在した」「教育水準が向上した」「日本人は勤勉な国民性を持っている」。

　こうした諸要因[23]が複合して生み出されたのが，日本の高い経済成長率である。

### 低い失業率との関係

　日本の失業率が低かった要因として，まず挙げられるのは，経済成長率が高かったということである。それは，90年代以降の深刻な不況の中で，日本の失業率も顕著な高まりをみせたことによって，改めて確認された。これに加えて，次のような要因を挙げることができる。

　企業部門において，長期雇用慣行が失業者の発生を抑えた。長期雇用慣行の下，企業業績が悪化しても，日本企業は，なるべく従業員の解雇をさけるという行動をとった。それゆえ，景気が後退しても，失業率はほとんど上昇しなかった。また，企業別労働組合は，労使協調的な行動をとり，不況期において，

抑制的な賃上げ要求をした。こうしたことも，解雇の発生を防いだ。

　政府部門は，ケインズ政策が，景気対策として，雇用の安定に貢献した。財政を通じた所得再分配は，とくに地方に雇用を生み出した。摩擦調整的な産業政策は，保護の対象となった産業における雇用を保障した。

　また，ここで定義した日本型経済システムの範囲を超えるが，求職意欲喪失者の存在という要因もある。求職意欲喪失者とは，景気後退期において，雇用を失っても求職活動をせず，非労働力化する人々のことである。その多くは，女性パート労働者や自営業の女性家族従業者など，女性である。こうした人々は，好景気のときに労働力化し，不景気になると非労働力化する。景気変動のバッファー（緩衝装置）として機能し，失業率の上昇を防いできた[24]。

### 所得分配の平等化との関係

　企業部門においては，年功賃金制が，企業内の所得分配を平等化した。年功賃金制は，若年層と中高年層との間で所得格差をもたらすが，生涯所得では格差は小さい[25]。また，長期雇用慣行も，失業者の発生を抑え，平等化に寄与した。

　政府部門においては，財政を通じた所得再分配によって，所得分配の平等化が図られた。それは，大都市圏と地方の間の格差縮小ということも含む。摩擦調整的な産業政策も，保護の対象となった産業に働く人々の雇用と所得を保障することによって，平等化に寄与した。ケインズ政策も，雇用と所得の安定化を通じて，平等化効果をもった。

　また，戦後日本経済の平等化を考えるとき，日本型経済システムが形成される重要な歴史的契機となった[26]，戦後改革の効果に注目すべきであろう。財閥解体，農地改革，労働改革など，終戦直後の経済改革は，戦争被害や激しいインフレーションの影響と重なって，顕著な平等化効果をもった。詳述は他の文献[27]に譲るが，戦後改革の効果を略述すれば，以下のようである。

　第一に，財閥解体によって，戦前からの大資本家階級の支配力が排除された。

また，財閥解体に続き，独占禁止法と過度集中力排除法が施行され，これら一連の政策によって，競争的な産業組織が形成された。第二に，農地改革によって，大部分の農民が小作農から自作農へと転換した。これは，政府の農業保護政策と相まって，農民の所得を向上させ，都市と農村との間の格差を縮小した。第三に，労働改革の下，労働運動が高揚し，労働組合の組織率が著しく高まった。労働側の交渉力の強化は，労働分配率の上昇をもたらした。また，職員（ホワイトカラー）と工員（ブルーカラー）の身分格差が撤廃され，職工間の賃金格差が大きく是正された[28]。

こうした戦後改革を初期条件として，日本型経済システムを形成したことが，戦後日本経済の平等化の基本的な要因である。

さらに，高度成長期の1960年代には，次のような理由により，平等化が進んだ[29]。第一に，比較的所得格差の小さい雇用者世帯層の割合が増加した。第二に，農業の兼業化によって農家所得が非農家所得に接近した。第三に，雇用者世帯間の所得格差が縮小した。

1960年代の平等化の背景には，高度経済成長がもたらした労働力不足がある。この時期，労働力過剰から不足へと転換し，それに伴い，学歴間，年齢間，企業規模間，職業間，都市規模間など，いずれをとっても，賃金格差が縮小している[30]。

## 4．市場の役割と政府の役割
### ——「日本株式会社論」の誤解

本節では，日本経済の発展において，市場経済が果たした役割と政府が果たした役割とについて，補足して論じておきたい。

日本の経済発展において，その原動力となったのは，市場経済，自由競争の下に発揮された民間部門のダイナミズムである。民間企業に働く経営者や従業員たちの，新技術の導入や開発，製品の品質向上，製造費用の節約などへの，高い意欲である。また，民間部門の中核となったのが，これまで論じてきた日

本型の特徴を備えた，大企業を中心とした企業群である。

　これに対して，「日本株式会社論」という日本経済観がある。これによれば，日本経済は，政府主導により，官民一体となって経済成長が図られてきた。日本経済は，あたかも経営者によって各部門が統率されている一つの企業のように，政府が中央集権的に経済全体を主導している，と言うのである。その中心的な役割を担っているのが，通産省の産業政策である。ここで言う産業政策とは，成長を期待できる戦略産業をピックアップし，資金面の支援，税制上の優遇，保護貿易，設備投資調整，企業合併の推進等々の措置によって，当該産業の育成を図る，という積極的な産業政策である。その対象となったのは，製造業である。「日本株式会社論」によれば，こうした政府主導の経済体制が，日本の経済発展の主たる要因である。また，「日本株式会社論」の支持者は，外国の研究者に多い[31]。

　しかし，現在までの研究の蓄積[32]は，こうした日本経済観に対して否定的である。「日本株式会社論」は，今日，少なくとも日本では，一般に経済学者の支持するところではない。日本においても，産業政策が戦後日本の経済発展に一定の役割を果たしたと見る経済学者は多い[33]。その一方，産業政策の役割を全面的に否定するような議論もある[34]。産業政策が果たした役割については，論争が続いている。

　しかし，少なくとも高度成長期以降について，「日本株式会社論」は産業政策の役割を過大評価するものであること，また日本の経済発展の原動力となったのは民間部門のダイナミズムであることは，日本の経済学者の一般的な見解である。その基本的な理由は，終戦直後の統制経済から市場経済へ移行することによって，民間企業は自由に意思決定するようになったからである。政府には，民間企業の意思に反して，産業政策を強制する権限はなかった。市場経済における民間企業の自由な経済活動が，日本経済の発展を生み出したのである[35]。

　もちろん，政府部門も，日本の経済発展に重要な役割を果たした。それは

「市場の失敗」(市場経済の欠陥)を修正・緩和するという役割である。「市場の失敗」には，景気変動，所得と富の分配の不平等，公共財の不足，外部経済・不経済，独占・寡占の弊害など，がある。これに対処するため，さまざまな形での政府介入が行われてきた。先に論じたケインズ政策，財政を通じた所得再分配，摩擦調整的な産業政策は，その一環である。「市場の失敗」を修正・緩和する政府活動が存在しなければ，市場経済は立ち行かない。その意味で，政府活動は，日本の経済発展に多大の貢献をしてきた。

しかし，日本の経済発展を牽引してきたのは，製造業を中心とした成長産業であり，これらの産業は，市場経済，自由競争の下，各企業の自主的な意思決定に基づいて，発展してきた。政府の主導により発展した訳ではない。

また，本節で言及した産業政策は，有望な戦略産業を育成する目的で行われた，積極的な産業政策である。こうした目的だけでなく，多様な目的の下に，さまざまな産業政策が，戦後日本では行われた。所管する官庁も，通産省だけではない。先に論じたように，摩擦調整的な産業政策は，戦後日本経済において，重要な役割を果たした。高度成長期以降，「日本株式会社論」が強調する積極的な産業政策より，摩擦調整的な産業政策の方が，日本経済に大きな影響を与えたのである。

## 5. 結 び

戦後日本の経済成長を牽引したのは，日本型企業システムを典型的に備えた，製造業大企業を中心とした企業群である。これらの企業は，市場経済，自由競争の下，基本的に各企業の自主的な意思決定に基づいて活動した。これら企業の発展に政府が果たした役割は，限定的なものであった。その一方，市場経済は，必然的に不安定性を伴う。この不安定性に対処するため，ケインズ政策が行われた。また，市場経済は，貧富の格差を伴う。これを縮小するため，財政を通じた所得の再分配が行われた。また，経済成長は，産業部門間の不均衡な発展を伴う。立ち後れた部門を保護し，先進的な部門との格差を縮小するため，

あるいは立ち後れた部門からの退出を円滑にするため，摩擦調整的な産業政策が行われた。

このように，大企業を中心とした先進的な企業群が，市場経済，自由競争の下，戦後日本の経済成長を引っ張った。これによって，高い経済成長率が実現した。その一方，市場経済，経済成長に必然的に伴う，不安定，不平等，不均衡に，政府が対処した。これによって，低い失業率，所得分配の平等化が，実現した。また，低い失業率や所得分配の平等化には，日本型企業システムの組織的なまとまりも，寄与した。また，高い経済成長率が，低い失業率の重要な要因であること，さらに高い経済成長率が，労働力不足を通じて，所得分配の平等化に寄与したことも，見落としてはならない。そして，こうして達成された低い失業率と所得分配の平等化が，経済成長をさらに促進する，という好循環が生じた。

日本型経済システムは，少なくとも1980年代までは，高い経済成長率，低い失業率，所得分配の平等化，という優れた成果を達成した。そして，国の内外から，高い評価を得た。しかし，1990年代以降の深刻な不況の中で，日本型経済システムは，激しい批判に晒されることになる。こうした批判に従って，日本型経済システムを大改革しなければならないのだろうか。これを検討するのが，次章の課題である。

【注】
1) 橋本［1995b］pp.123-125参照。
2) ただし，「もはや戦後ではない」という宣言は，後にしばしば誤解されたような，楽観的な意味合いのものではなかった。この宣言の趣旨は，これまでの経済の急回復は，復興需要によるものであり，もはやこれを望めない，今後は，技術革新に基づく経済の近代化によって経済成長を図るべきである，という将来ビジョンの提示であった。それが正しいビジョンであったことは歴史が証明したが，当時において，復興需要の消失は，日本経済の先行きに大きな不安を抱かせるものであった。香西［1981］pp.117-118，原田［1992］pp.67-70，橋本［1995b］pp.123-125参照。

3) 2002年1月を底として現在（2007年12月現在）まで，息の長い景気回復が続いている。今回の景気回復は，期間の長さでは戦後最長であるが，「実感なき景気回復」と言われるように，勢いは弱々しい。しかし，失業率はかなり改善された。また，三つの過剰，雇用の過剰，設備の過剰，債務の過剰が解消され，それに伴い，企業収益（とくに大企業の収益）が好調である。平成不況期からすでに脱し，日本経済は，新しい段階に入ったのかもしれない。しかし，今回の景気回復が，中長期的にどのような経済状況へ繋がってゆくのか，現状では定かではない。従って，ここでは，便宜上現在も含めて平成不況期とした。なお，今回の景気回復については，第2章第2節(8)を参照。

4) 日本の失業率が低いのは，失業率の定義が国によって異なるために，過小に算出されているからである，と主張されたことがある。たしかに失業率の定義には国ごとに違いがあり，各国の公表値をそのまま比較することは，正確さに欠ける。しかし，現在では，そうした定義の違いを調整しても，日本の失業率が国際比較において低い水準で推移してきたという結論に変わりはない，というのが支配的な見解である。例えば，水野[1992] pp.107-110, 経済企画庁編[1994] pp.329-331, 厚生労働省編[2002] pp.171-177などを参照。

5) 溝口[1986], 南[1996][2000], 橘木[1998]第2章, 太田編[1999] pp.110-111などを参照した。

6) その原因については，注8）を参照。

7) 所得分配の平等・不平等の国際比較には，難しい問題が伴うことは，この分野の研究者が一様に指摘するところである。例えば，橘木[1998] pp.73-75参照。そうした但し書を念頭に置く必要があるが，1970年代，80年代に達成された日本の平等性は，国際的にみてどの程度のものだったのであろうか。

当時，日本は世界で最も平等な国である，ということが盛んに言われた。その一つの有力な根拠となったのが，OECDの研究（Sawyer [1976]）である。この研究は，OECD諸国のなかで日本が，ノルウェー，スウェーデンなどと並んで，最も平等性の高い国であるという結果を示した。しかしながら，この研究では，日本のデータは『家計調査』が利用されている。『家計調査』は単身者と農家が標本から除かれており，低所得層の把握が十分ではない，という問題点がある。こうしたことから，橘木[2000] p.45は，当時の日本社会の平等性は，言われたほどのものではなかったのではないか，と述べている。

また，太田編[1999] pp.118-119によれば，80年代半ばにおいて，年間可処分所得のジニ係数の比較で，日本は，対象16ヵ国（先進国）中，ほぼ中位（8番目に平等）にある。この対象国のなかでは，フィンランドのジニ係数が最も低く25.5, アメリカのそれが最も高く34.7であり，単純平均では29.9である。日本のジニ係数は29.8であり，この点でも日本は平均的な水準である。ただし，太田編[1999] p.118によれば，「日本では年功賃金が年齢間格差を大きくしてお

り」，仮に年間ではなく，生涯可処分所得で考えれば，「日本はより平等なところに位置する可能性がある」。なお，注25)も参照。
8) 南[1998a][1998b]，Minami and Jiang [1999]によれば，所得分配の不平等が社会的不安定を引き起こす一つの典型例を，戦前の日本に見出すことができる。また，それは，「市場法則への全面的依存がいかに危険であるかを物語る」（南[1998a] p.22) ものである。

　図1-2に示されているように，戦前の日本では所得分配が，著しく不平等化した。その原因は，第一に，農村と都市との間の，つまり農業と工業との間の格差拡大である。第二に，財閥系を中心とした大企業と中小零細企業との格差拡大である。第三に，労働分配率の低下である。賃金所得に比べて分布の不平等な利潤所得の割合の増大は，全体としての所得分配を不平等化させる。南[1998b] p.283参照。

　不平等の拡大，とくに農村の貧窮は，都市と農村との対立を煽り，財閥資本主義への敵意を燃え上がらせた。農村の貧窮への同情，不平等への怒りが，血盟団事件，5・15事件，2・26事件など，当時頻発したテロ事件の背景であった。そして，国民は，下級士官の暴走に対して，好意的な反応を示した。こうした社会的な雰囲気が，軍部と革新官僚とが統制する国家体制（国家総動員体制）を，招き寄せることになる。「軍部と革新官僚とは，政党政治と自由主義的経済体制に対する不信感で一致していた。彼らが建設しようとした国家像は天皇を頂点にいただく家族的な国家体制であり，すべての国民は『天皇の下では赤子である』という一種の平等思想に彩られたものであった。」南[1998b] pp.285-286参照。

9) 日本型経済システムがどのような歴史的経緯を辿って形成されたかについては，本書では詳しく立ち入らないが，両大戦間期から高度成長期の初めにかけて形成されたとみられる。日本型経済システムの諸特徴のうち，長期雇用慣行，年功賃金制，企業別労働組合は，すでに1920年代に大企業に現れている。そして，戦時期に行われたさまざまな制度改革の影響，さらに戦後の民主的な経済改革の影響を経て，日本型経済システムは形成された。岡崎・奥野[1993]，野口[2002b]は，戦時期の制度改革の影響を強調する。橋本[1995a]，橋本編[1996]は，こうした「戦時期源流論」を批判した上，民主的な経済改革を初めとした，敗戦後のアメリカのインパクトと，それを「日本化」する過程を重視する。なお，宮本[1995]，宮島[2006]も参考になる。

　また，日本型経済システムの政府部門の特徴である，ケインズ政策，財政を通じた所得再分配，摩擦調整的な産業政策については，ケインズ思想，福祉国家思想などによって牽引された，20世紀における，市場経済への政府介入（混合経済体制化）を促す世界的な潮流が，大きな影響を与えた。

10) 日本企業の特徴について，完全に一致した見解が存在するわけではないが，

多くの論者が類似の日本企業像を描いている。以下は，主に Aoki [1988]，伊丹 [1987]，小池 [2005]，小宮 [1989]，宮本 [2004] などを参考にして，日本企業の特徴を，筆者なりに整理したものである。

また，本節で挙げる日本企業の諸特徴が，どの程度まで日本企業に固有のものであるかは，重要な研究課題である。本節で挙げる諸特徴を典型的にみることができるのは，日本でも，大企業に限定される。また，欧米諸国においても，例えば長期雇用や年功賃金制は，少なからずみることができる。本書ではこの問題に詳しく立ち入らないが，少なくとも，欧米諸国と比べて，程度において，本節で挙げる諸特徴を，日本企業がより多くもっていることは，これまでの研究が示している。例えば，雇用システムの国際比較については小池 [2005] を，企業統治の国際比較については深尾・森田 [1997] を，系列取引の国際比較については浅沼 [1997]，藤本・西口・伊藤編 [1998] を参照。

11) 日本の雇用慣行を表すために，終身雇用制という言葉が，広く用いられてきた。しかし，日本の雇用慣行は，終身，つまり「死ぬまで」ではなく，定年まで，できるだけ雇用を保障しようとするものである。従って，終身雇用制という言葉は，適切とは言えない。そうしたことから，終身雇用制という言葉の代わりに，長期雇用慣行という言葉も，しばしば使われてきた。本書では，長期雇用慣行という言葉を用いる。

12) 「日本では，なぜ他の先進諸国とは異なった一企業一組合型の労働組合組織が発達したのかといえば，答えは簡単であって，終身雇用・年功序列制のもとで永年にわたって同じ一つの企業で働く従業員は，利害の共通する面が多く，それに比べれば他企業の従業員との利害の共通性と連帯感はずっと稀薄だからである。」(小宮 [1989] p.108)

13) 系列取引について，詳しくは浅沼 [1997]，藤本・西口・伊藤編 [1998] を参照。また，小田切 [2000] 第8章，宮本 [2004] 第4章は，系列取引に関する要領のよい解説である。

14) 青木らが提唱する「比較制度分析」では，複数の制度の間に往々にして見られる「一方の制度の存在・機能によって他方の制度がより強固なものになっているという関係」を制度的補完性と呼び，「経済システムとは（中略）制度的補完関係にある一連の制度によって形成されている」という視点の重要性を説く。青木・奥野 [1996] pp.35-36参照。

15) 以下で取り上げる日本の政府部門の諸特徴，すなわちケインズ政策，財政を通じた所得再分配，摩擦調整的な産業政策は，言うまでもなく，戦後，混合経済体制化が進んだ先進各国に共通してみられた経済政策であり，とくに「日本型」と言えるものではない。しかしながら，政府部門のこれらの特徴は，日本型企業システムとともに，戦後日本の経済システムを構成する重要な部分であり，本書では「日本型経済システム」に組み入れた。

16) 岡崎[1996][1999]は，戦後のケインズ政策を景気変動に即して丹念に検証し，ケインズ政策が大局的に経済を安定化させたことを論じている。
17) このパラグラフは，岡崎[1999] pp.73-74に負う。
18) この項目については，野口[2002b] pp.117-127を，とくに参照した。
19) こうした低生産性部門が，その保護を通じて，自民党の大きな支持基盤であった。
20) 詳しくは，関口・堀内[1984]を参照。
21) 注8）も参照。
22) 高度成長期を論じたものに，香西[1981]，吉川[1997]がある。また，小峰[2003]第2章も参照。
23) これらの要因は，とくに高度成長期に当てはまるものが多い。詳述は略すが，そうした要因が失われことが，高度成長期（1956〜73年）から安定成長期（1974〜90年）への成長率の下方屈折を説明するものであろう。第2章第2節(1)の［補論］で論じるように，筆者は，「経済の成熟化」及び「キャッチアップ過程の終焉」が，高度経済成長を終わらせた主たる要因である，と考える。
24) こうした労働力と非労働力との間を行き来する浮動層は，縁辺労働力と呼ばれるが，野村[1998]は，日本の低失業率の最も大きな要因は，縁辺労働力の存在である，と言う。野村は，家族のあり方に関わる三つの雇用モデルを提示する。すなわち「第一に，夫がフルタイムで会社に勤め，家族全員の生活費を稼ぎ，その妻が専業主婦となる大企業モデル，第二に，夫はフルタイムで会社に勤め家族の生活費の大部分を稼ぐが，妻が家計補助的にパートタイマーとなる中小企業モデル，第三に，家族総がかりで家計を維持する自営業モデル」（野村[1998] p.67）である。野村は，大企業モデルの雇用保蔵（不況期に企業が過剰な労働者を抱え込むこと）や，中小企業モデルの採用意欲（不況期に積極的に人材を採用すること）も，日本の低失業率に寄与しているが，最も大きな要因は縁辺労働力の存在である，と説く。縁辺労働力の主力は，中小企業モデルの女性パートタイマー，自営業モデルの女性自営業主と女性家族従業者など，女性である（野村[1998] pp.117-118）。

　　こうした日本の雇用構造は，1980年代にゆっくりと衰退をはじめ，90年代に，長引く不況と規制緩和の推進とによって，衰退は加速化する。野村は，失業率を低く抑える特質をもつ日本の雇用構造の衰退に歯止めをかけるべきである，と主張する。

　　野村の所論は，本書が言う日本型経済システムにおいては扱い切れなかった部分に視野を広げてくれるものであり，日本の経済社会システムを考える上で，興味深い。
25) 所得格差や賃金格差を国際比較する場合，格差をジニ係数等の不平等尺度で計測するが，これは，通常，年間所得や年間賃金に基づく計測である。しかし，

日本のように賃金に年功的要素が強い場合，年齢間格差が大きい分，年間所得や年間賃金に基づく計測は，他国に比べて，不平等度を大きくする。こうしたバイアスを取り除き，生涯所得や生涯賃金での格差を考えるために，年齢別の格差で国際比較をするという方法がある。こうした方法を用いた太田編[1999]第5章の研究によれば，生涯所得や生涯賃金でみた場合，日本は，所得格差や賃金格差が，国際的により小さい可能性が高い。また，太田[2000]も参照。なお，注7）も参照。

26) 注9）も参照。
27) とくに分配問題との関連において戦後改革を論じたものに，南[1996]第7章，橘木[1998]第2章第1節がある。また，戦後改革について，例えば，香西[1981]第1章，中村[1993]第5章第2節を参照。
28) 労働組合は，当初，アメリカの影響を受け，産業別が中心であったが，やがて，産業別は影響力を失い，企業別が定着する。橋本[1995b] pp.117-118。
29) 溝口[1986] p.156，高山[1980] pp.36-37参照。
30) 高山[1980]第1章参照。また，1960年代の平等化のもう一つの要因として，世帯規模の縮小（均一化）が挙げられる。高山[1980] p.29，溝口・寺崎[1995] pp.70-71参照。
31) Johnson [1982]は，戦後日本の経済発展において，通産省が果たした役割を強調した代表的な文献である。Johnson [1982]は，日本を「発展指向型国家」と呼んだ。また，この本は，いわゆるリビジョニストたちに大きな影響を与えた。
32) 産業政策に関する代表的な文献は，小宮・奥野・鈴村編[1984]，伊藤・清野・奥野・鈴村[1988]である。
33) 小宮・奥野・鈴村編[1984]，伊藤・清野・奥野・鈴村[1988]などを参照。
34) 三輪・ラムザイヤー[2002]，岩田[2005]第5章などを参照。
35) 産業政策の対象になったのは，鉄鋼，石油化学，自動車などの製造業である。これらの産業において，産業政策は，効果があったとしても限定的であったと考えられるのであるが，さらに注目すべきことは，小宮[1984]が指摘するように，「産業政策上格別の優遇措置を受けることなく自力で発展してきた」多くの成功した産業が存在することである。高度成長期の初期には，ミシン，カメラ，オートバイ，ピアノ，ジッパーなどを，その例として挙げることができる（小宮[1984] p.9）。また，三輪・ラムザイヤー[2002]が指摘するように，最近数十年間においても，産業政策の対象外で，成功した産業がたくさんある。例えば，宅配便，スーパー・マーケット，コンビニエンス・ストア，ファースト・フード，ファミリー・レストラン，人材派遣である（三輪・ラムザイヤー[2002] p.515）。

# 第2章

# 平成不況と日本型経済システム

　前章で論じたように，日本型経済システムは，戦後日本経済の目覚ましい発展を生み出した重要な要因である。戦後の日本経済は，高い経済成長率，低い失業率，所得分配の平等化という優れた成果を達成した。そして，われわれに豊かな生活と，社会的な安定とをもたらした。日本型経済システムは，戦後日本の，こうした経済的成功を実現したのである。

　しかし，平成不況と呼ばれる，バブル崩壊以降の長引く不況のなかで，日本型経済システムは，厳しい批判を浴びるようになる。平成不況の原因として，日本型経済システムは，槍玉に挙げられるようになったのである。その批判は，日本型経済システムの諸特徴の全体に及ぶものであり，さまざまな論点を含んでいる。しかし，いずれの批判も，一つの原理，市場原理を，拠り所としていた。

　要するに，平成不況下での日本型経済システムへの批判とは，日本型経済システムを解体し，もっと市場原理が尊重される経済社会に日本を改革しなければならない，という主張である。日本の経済社会を根本から改革し，経済社会の隅々に市場原理を浸透させることが，長い不況から抜け出し，日本経済を再生させる道である，と言うのである。

　筆者は，日本型経済システムへのこうした批判は，基本的に誤った主張である，と考える。そして，こうした批判が指し示す「改革論」は日本経済の状況をいっそう悪化させる，と思う。

　本章では，まず第1節において，平成不況下で日本型経済システムに対して

どのような批判がなされたのかを整理する。第2節では、この「日本型経済システムへの批判」を批判する。第3節は、結びである。

## 1．日本型経済システムへの批判──市場主義の隆盛

平成不況が続くなか、不況の原因として、日本型経済システムは、次のように批判された。

**企業システムへの批判**
- 長期雇用慣行は、労働者を生産性の低い企業に固定化し、生産性の高い企業への労働力移動を妨げている、すなわち労働力の効率的な利用を妨げている。
- 年功賃金制は、企業組織に悪平等をもたらし、従業員の創造性や「やる気」を台無しにしている。
- 企業情報の透明性の欠如や株式の持合によって、株式市場からの経営者への監視や圧力が十分に働かないため、経営の失敗や腐敗を防止することができない、その結果、資本や労働力の非効率な利用が行われている。
- 銀行融資中心の資金供給は、資金の貸し手が、十分にリスクを負担することができない、したがって、技術革新の推進には不向きである。
- 系列取引は、長年の人間関係（コネクション）に基づく取引であり、企業間の競争を妨げ、経済合理性が損なわれている。

こうした日本型企業システムへの批判の背後には、アメリカ型の企業システムが、理想モデルとして存在している。70年代、80年代と不調であったアメリカ経済は、90年代に復活した。そして、91年3月から01年3月まで10年間に及ぶ戦後最長の景気拡大を達成した。このアメリカのたいへんな好景気を生み出した要因として、アメリカ型企業システムが、世界的に脚光を浴びた。それは、理想的かつ普遍的な企業モデルとして、もてはやされるようになった。

アメリカ型企業システムとは，流動性の高い雇用，職務と成果に応じた賃金，株主利益優先の企業統治，証券市場中心の金融制度，市場の短期契約による企業間取引などを，特徴とする。アメリカ企業が，こうした特徴をとくにあらわすようになったのは，80年代以降であり，90年代に，それはさらに強まった。

アメリカ型企業システムは，次のように称賛された。雇用が流動的なので，衰退産業から成長産業へ労働力が円滑に移動する，すなわち労働力の効率的な利用が促進される。成果主義の賃金制度は，従業員の創造性と「やる気」を解放する。企業経営の透明度が高く，株式市場から有効な監視や圧力が働くので，株主の利益を優先するよう経営者を規律づけ，経営の失敗や腐敗を防ぐことができ，資本と労働の効率的な利用が図られる。証券市場を中心とした金融制度は，そうしたアメリカ企業の透明かつ効率的な経営の推進力になっている。短期的な企業間取引も，アメリカ企業のそのような効率的経営に適合している。

このように称賛されたアメリカ型企業システムと対比して，それとはかなり異質な日本型企業システムが，評価をひどく落とすことになる。日本型の，長期雇用慣行，年功賃金制，従業員との協調的関係を重視した企業統治，銀行中心の金融制度，系列取引と，アメリカ型の，流動的な雇用，成果主義賃金，株主利益優先の企業統治，証券市場中心の金融制度，短期的な企業間取引とが対比され，日本型が，上述のように，手厳しく批判されたのである。

日本型企業システムは，もはや弊害ばかりが目立つ，役立たずであって，これを放棄し，アメリカ型企業システムを採用しなければ，日本経済に明日はない，ということが，盛んに言われるようになった。

### 政府システムへの批判

- 90年代において，財政による大規模な景気対策が繰り返し行われたが，景気の足取りははかばかしくなかった。ケインズ政策は，もはや有効性をもたないのである。それだけでなく，ケインズ政策は，財政支出の無駄を助長している。また，ケインズ政策に伴う財政赤字は，将来世代へ負担を残

す。さらには，財政赤字の巨額の累積が，財政破綻の恐れさえ生じさせている。

- 財政を通じた所得再分配，摩擦調整的な産業政策などによって，日本経済は，平等化を実現したが，この平等化は，行き過ぎた平等化である。能力のある者も，ない者も，一生懸命働いた者も，そうでない者も，その結果に大きな違いがないのであれば，人々は，向上心や，勤労意欲や，リスクに挑むチャレンジ精神を，失ってしまう。その結果が，経済の停滞，不況である。
- 財政支出の内容には，無駄なものが多い。こうした財政の無駄を，ケインズ政策，財政を通じた所得再分配，摩擦調整的な産業政策が，助長している。
- 参入規制，料金規制などの政府規制をはじめとした摩擦調整的な産業政策は，市場経済・自由競争の働きを妨げる。その結果として，低生産性産業が生き残り，国民経済全体の効率性が損なわれる。
- 政府規制は，さまざまなビジネスチャンスに企業が挑戦することを封じ，新産業発展の可能性を潰している。

こうした日本の政府システムへの批判は，1980年代以降の「小さな政府」を目指す世界的な動き，本書において市場主義と呼ぶ思想潮流の，日本における表れである。市場主義は，ケインズ政策，福祉国家政策，各種の政府規制などによる政府の市場経済への介入を攻撃する。一言で言えば，第2次大戦後先進各国に広まった「大きな政府」の政策を攻撃する。そして，市場経済の活力の復活を主張する。政府による介入を必要最小限に止め，市場経済の機能を十分に発揮させることが，経済発展をもたらす，と言うのである。こうした市場主義的な考え方から，ケインズ政策，所得再分配政策などの財政政策，市場経済の機能を制限しようとする政府規制などが批判された，というのが，90年代における日本の政府システムへの批判である。

こうした市場主義的な傾向は，先の日本型企業システムへの批判にも，表れている。先述したように，日本型企業システムは，流動的な雇用，成果主義の賃金制度，株主利益優先の企業統治，証券市場中心の金融制度，市場の短期契約による企業間取引を特徴とするアメリカ型企業システムを規範とする立場から，批判された。

雇用の流動化とは，市場原理に従って，それぞれの労働者が，企業を移動することである。市場経済の要請に応じて，それぞれの労働者が，必要とされなくなった企業から去り，必要とされる企業へ移ることである。成果主義の賃金制度とは，それぞれの従業員が企業利潤（とくに短期的な利潤）にどれだけ貢献したかを基準として，賃金を決めようとするものである。つまり，従業員の賃金を，市場経済の動向に直接的に結びつけようとするものである。株主利益優先の企業統治は，市場経済の動向に合わせて，資本と労働を効率的に利用しようとするものである。すなわち，資本と労働を儲からない企業から撤退させて儲かる企業に移す，これを速やかに行おうとするものである。短期的な企業間取引も，こうした市場の動向に応じた資本と労働の効率的な利用に，企業間取引を適合させようとするものである。

アメリカ企業にみられる，こうした優れた特徴が，長期雇用慣行，年功賃金制，日本型企業統治，系列取引を特徴とする日本企業には，欠けている。日本企業は，固有の組織原理に基づいて経営を行ってきたが，アメリカ企業を手本として，企業組織内に，もっと深く市場原理を浸透させるべきである，というのが，90年代における日本型企業システムへの批判の趣旨である。

戦後日本経済は，市場経済を中核に据えてきたのであるが，その一方，国民経済において，また企業組織内において，市場原理とは異なる組織原理に基づく統治が行われてきた部分が少なくない。90年代以降の経済停滞は，こうした組織原理に原因するものであり，この組織原理を解体し，国民経済の隅々に，また企業組織内の深くまで，市場原理を浸透させることが，日本経済の停滞を打開する方途である，というのが，市場主義の主張である。

## 2.「日本型経済システムへの批判」への批判

　前節でみたような「日本型経済システムへの批判」には，部分的にみれば正しい指摘も含まれてはいるが，全体的な経済社会観として，賛成できない。「日本型経済システムへの批判」とは，改めて短くまとめれば，次のようなものである。

　日本型経済システムが平成不況の原因であり，日本型経済システムを放棄し，とくにアメリカ経済を手本として，市場原理中心の経済システムを導入することが，平成不況からの脱却，日本経済の再生につながる。

　こうした「日本型経済システムへの批判」を批判することが，本節の課題である。

(1)　日本型企業システムは平成不況の原因か

　まず，日本型企業システムが平成不況の原因であるとする議論が，基本的に的はずれなものであることを，論じる。

　平成不況は，総需要の不足という要因によって，マクロ経済学的に説明できる事象である[1]。企業システムという供給側の説明要因を，ことさら持ち出す必要はない。すなわち，バブル崩壊後の設備投資の落ち込み（資本ストック調整），逆資産効果による消費や投資の落ち込み，95年をピークとする円高による輸入の急増，橋本政権の緊縮財政による需要の収縮，アジア経済危機の影響，不良債権問題に起因する貸し渋り，ITバブルの崩壊，小泉政権の構造改革による総需要の収縮などの要因によって，平成不況という長期間に及ぶ景気低迷を説明できる。

　平成不況は総需要の不足によって起こったのであり，企業システムという供給側の要因とは，一応別次元のところに，その原因がある[2]。もちろん，需要

の停滞が，企業活動と無関係ということはない。企業が消費者の好む魅力的な商品を市場に送り出せば，需要が喚起される。高度成長期がそうであったように，企業が魅力的な製品を次々に生み出すならば，大量の需要が作り出され，本格的な景気回復がもたらされる可能性はある[3]。しかし，そうしたことが，日本型企業システムをアメリカ型企業システムに変えることによって，生じるであろうか。第5章第2節で論じるが，アメリカ型の株主利益優先の企業統治は，経営の視野が短期的な企業業績に左右され，技術革新活動に悪影響を与えるなど，企業の長期的な発展を害する，という問題点が指摘されている。また，アメリカ型企業システムへの移行は，リストラ（解雇）による大量の失業者を生み出すことによって，また企業内に残る従業員に対しても強い雇用不安を引き起こすことによって，消費を抑制し，いっそう不況を悪化させるであろう。実際，不良債権処理や企業再建などの過程で発生する失業者の増大や雇用不安は，景気の足を引っ張った。アメリカ型企業システムへの移行は，そうした需要抑制効果を，ますます強めるであろう。

[補論][4]

長期的な視野において問題をみるならば，平成不況の背景には，いわゆる「経済の成熟化」がある。1950年代，60年代の高度経済成長は，アメリカ型生活スタイルの普及によるものであった。すなわち，アメリカ型生活スタイルの普及によって，自動車や，洗濯機，冷蔵庫，テレビなど，さまざまな耐久消費財への膨大な需要が生まれ，20年近くに及ぶ高度経済成長の時代が現出した。1973年の第1次石油ショック以降安定経済成長の時代に入るが，経済成長率が低下した基本的な要因は，アメリカ型生活スタイルが国民生活に行き渡ってしまったことである[5]。すなわち，製品が飽和状態となり，かつてのような大きな需要が生じなくなったのである。90年代の不況も，この安定経済成長時代の延長線上にある。つまり，1970年代以降日本経済の成長力（総需要が拡大する力）が衰えていた上に，先に述べたような，バブル崩壊など90年代以降に固有

の原因が重なって，平成不況が生じた。長年の経済発展により，国民生活が豊かになり，その結果として需要の伸びが停滞する，こうした「経済の成熟化」が，平成不況の基礎的な要因である。つまり，平成不況のベースには，日本人が豊かになったことがある（高度成長期，安定成長期，平成不況期，それぞれの年平均経済成長率については，第1章表1-1を参照）。

　また，「経済の成熟化」は，技術革新という面からみたとき，「キャッチアップ過程の終焉」という問題と密接に関連する。高度成長期の日本は，開発途上国から先進国へ発展する「キャッチアップ過程」にあり，先進国の進んだ技術を取り入れることができた。これは，この時期の成長率を高めた大きな要因である。そして，日本は，高度経済成長を経て，先進国の仲間入りし，「キャッチアップ過程」は終わった。「キャッチアップ過程の終焉」によって，日本企業は，自前の技術によって新製品を生み出し，消費者の需要を喚起しなければならなくなったのである。自前の技術開発は，出来合いの技術を海外から輸入する場合と比べて，当然のことながら，時間がかかる。「キャッチアップ過程の終焉」は，企業が消費者の需要を喚起する力を弱めた。そこにさらに，バブル崩壊など，90年代以降の要因が加わって，平成不況が生じた。

(2) 日本型企業システムの高機能は失われていない

　平成不況下において，日本型企業システムへの評価は一般に著しく低下したのであるが，しかし，この時期においても，高い機能を発揮した日本企業は少なくない。とくに製造業の分野では，日本企業は高い国際競争力を維持した。それを端的に示すのが，輸出額の動きである。日本の輸出額は，90年代以降においても趨勢的に増大している。また，OECDの統計によれば，2003年において，輸出に占める高度及び中度の技術集約的製品の割合は，日本は約8割であり，OECD諸国平均の6割強よりも，かなり高い[6]。こうした日本の製造業の国際競争力を支えているのは，日本型企業システムである。日本型企業システムを放棄するならば，この高い国際競争力も，失われる。

また，不況に沈んだ90年代以降においても，日本の1人当たりGDPは世界の上位であり，日本人は世界的にみて高水準の豊かさを享受した。今日に至るまで，こうした日本の豊かさを生み出してきた中心が，日本型企業システムである。

後の諸章で詳しく論じるが，平成不況下において，日本型企業システムは，非正規雇用の拡大，成果主義の導入，株主利益へのこれまで以上の配慮など，部分的にはかなりの変容を余儀なくされた。しかしながら，日本型企業システムは，その本質的な特徴を，依然としてかなりの程度維持している。本質的な特徴とは，長期雇用慣行の下，従業員の技能形成を促進すること，企業内の緊密な協調関係を築くこと，系列取引によって，企業間の緊密な協力関係を形成すること[7]，日本型企業統治の下，長期的な視野での経営を行うことなど，である。日本企業の課題は，こうした日本型企業システムの長所をさらに活かして，競争力をいっそう高めることである，と考える。

### (3) ケインズ政策は有害無益か

平成不況下において，何度も財政による大規模な景気対策が行われたが，景気の足取りははかばかしくなかった。その一方で，財政赤字ばかりが，巨額に積み上がっていく。こうした結果から，ケインズ政策の有効性を疑問視し，その弊害を強調する議論が盛んに行われた。平成不況下でのケインズ政策への批判の主な論点は，次の四つであろう。① 景気回復効果をもたない。② 無駄な財政支出が多い。③ 財政赤字が将来世代への負担になる。④ 財政赤字の累積が財政破綻を引き起こす。

これらの批判は，重要な問題の指摘を含んではいるが，ケインズ政策を否定する根拠にはならないと思う。

まず①について，考えてみよう。こうした批判は，大規模なケインズ政策が繰り返し行われたにもかかわらず，目立った景気の回復が見られなかったという結果から，出ている。しかしながら，言うまでもなく，景気には，さまざ

まな要因が影響を与えるのであって，財政がいくら頑張っても，景気がなかなか回復しないということは，当然起こりうる。90年代のように，設備投資が激しく落ち込み，消費が振るわず，超円高が足を引っ張るなどの厳しい状勢のなかでは，大規模な財政出動が，はっきりとした景気回復に結びつかなかったとしても，なんら不思議ではない。

　しかし，バブル崩壊以降の日本経済においても，財政からの景気刺激策は，それ相応の効果，すなわち景気のいっそうの悪化を防ぐ効果をもったのである。ケインズ政策を行っても景気はあまりよくならなかったけれども，もしケインズ政策を行わなかったならば，景気はもっと酷い状態になっていたはずである[8]。

　ケインズ政策への期待が大きすぎたことが，却ってケインズ政策への不信を高める一因となったのではないか。市場経済の主役は，あくまでも民間の経済主体であって，とくに企業家の心理が悲観的であるとき，景気を回復させるために政府が政策的になしうることには自ずと限界がある。ケインズ政策は万能薬ではない。ケインズ政策を行ったけれど，目立った景気の回復が見られない，ということは当然生じうる。そこから，ケインズ政策の無効を結論するのは，過剰反応である。景気のいっそうの悪化を防いだというだけで，ケインズ政策には効果があったのである。

　②については，たしかにその通りであろう。財政支出の中身については，見直しが必要であると思う。しかし，ケインズ政策を支持することと，財政支出の内容の改善を主張することが，矛盾するわけではない。さらに言えば，均衡財政下においても，無駄なものへの支出は，無駄なのである。

　③，④の問題は，第6章第3節(1)で詳しく論じるが，ケインズ政策に伴う財政赤字は，こうした弊害を引き起こす恐れがある。ただし，一般に借金が必ずしも悪いことではないように，財政赤字は必ずしも悪いことではない[9]。有用な社会資本を作る（なおかつ民間資本をクラウディング・アウトしない）場合，財政赤字によってその資金を手当することは，世代間の公平を図ることに

もなる[10]。また，財政の赤字は，家計の赤字とは異なる性格のものである。しかし，財政赤字は，将来世代に負担を残す，最悪の場合には財政破綻を引き起こす，という危険がある。とくに今日の日本経済のように，財政赤字の累積が巨額にのぼれば，そうした弊害に注意することは当然である。

しかし，そのことが，ただちにケインズ政策を否定することには繋がらない。財政赤字を無制限に容認する者は，ケインズ主義者のなかにもいない。景気の情勢を見ながら，財政赤字を減らす努力を，これからの日本経済はしていかなければならない。すなわち，景気対策と財政再建という二つの目標の間でバランスをとりながら，政策的な舵取りをしていかなければならない。

その点で，ケインズ政策を批判する市場主義は，財政再建の方に考え方が傾きすぎている。その市場主義に強く影響され，緊縮財政政策を行ったのが，橋本政権，小泉政権であり，その結果，この両政権は，景気の悪化を招いてしまった。

求められているのは，ケインズ政策を否定することではなく，難しい課題であるけれども，ケインズ政策のプラス面とマイナス面とを，よくよく考慮して政策運営することである。その意味で，ケインズ政策を賢く利用することである。

(4) 不平等の拡大を容認すべきか

1980年代から今日まで，傾向的に所得分配の不平等化が進行している[11]。その主な原因としては，まず第一に，人口高齢化が指摘されている。同一世代内の所得格差は，高齢層ほど大きい。そうであれば，同一世代内の所得格差と世代間の所得格差とに変化がなくとも，人口高齢化によって，国民全体としての所得分配は不平等化する。不平等化がこうした原因によるものであれば，それは「みせかけの不平等化」と言うこともできる。また，単身世帯，2人世帯の増加という世帯構造の変化も，不平等度を高めている。所得水準の上昇により，高齢者がプライバシーを重視して，独立した生活をするようになると，低

所得世帯が増加する。こうした要因による不平等化も,「みせかけの不平等化」と言えよう。

ただし,1997年から2002年にかけて,若年層を中心として,世代内の労働所得格差の拡大が生じている。若年層における格差拡大の大きな原因は,非正規雇用の拡大である。雇用者に占める非正規雇用者の割合は,1997年から2002年にかけて20～24歳では13.1%から26.2%, 25～29歳では7.9%から13.9%へと,大きく高まった[12]。また,成果主義賃金制度の導入が,正規社員間の賃金格差の拡大をもたらしているとみられる(第4章第2節参照)。また,所得階層が固定化する(低所得者は低所得層にとどまり,高所得者は高所得層にとどまる)傾向も指摘されている[13]。若年層における低所得の非正規雇用者の増大,そしてその階層としての固定化は,昨今の「格差社会」問題の重要部分である。

こうした不平等化を生んだ原因として,しばしば市場主義が槍玉に挙げられる。しかし,市場主義の不平等化への影響は,慎重に考える必要がある。1980年代以降の不平等化の重要な要因は,人口高齢化と世帯構造の変化であるが,これらは市場主義とは関係ない。また,市場主義が,非正規雇用の拡大にどのように影響したかは,いささか複雑である。非正規雇用の拡大は,直接的には,何より不況の影響が大きい。低経済成長への対応として,企業はコスト削減のため,非正規雇用を増やした。ただし,市場主義が平成不況をいっそう悪化させた,というのが筆者の立場であり(とくに第6章参照),その意味で市場主義は非正規雇用の拡大に間接的に関連している,と考える。また,雇用の流動化を唱えた市場主義は,直接的にも,非正規雇用の拡大を後押しした,と言える。さらに,成果主義の導入も,不況が大きな原因である(第4章第2節参照)が,市場主義はイデオロギーとして成果主義を後押しした。

また,重要な問題は,市場主義が不平等の拡大に寛容なことである。それは,市場主義が,戦後日本における行き過ぎた平等化が,経済成長率を低下させている,と考えているからである。戦後日本において,財政を通じた所得再分配,摩擦調整的な産業政策などの政府介入によって平等化が図られてきたが,そこ

には少なからず行き過ぎがあり，市場原理の正常な働きを損ね，経済発展の足枷になっている。また，企業組織における長期雇用慣行，年功賃金制も，行き過ぎた平等主義であり，従業員の勤労意欲やチャレンジ精神を失わせ，経済発展を阻害する要因である。市場主義は，このように考えている。

　市場主義といえども，不平等そのものを肯定している訳ではないであろう。しかし，行き過ぎた平等化が，経済成長率を低下させている。経済成長率の低下は，低所得層を含めた国民全体の生活水準を引き下げる。従って，行き過ぎた平等化を止めて市場経済の機能を回復させれば，経済成長率が高まり，それは，高所得層や中所得層だけでなく，低所得層の生活水準も上昇させる，と言うのである。その結果，不平等が拡大しても，それは仕方がない，と言うのである。

　こうした市場主義の主張は，「効率と平等のトレードオフ」という考え方に基づいている。トレードオフとは二律背反（あちら立てればこちら立たず）という意味であるが，「効率と平等のトレードオフ」とは，経済効率を高めるためには不平等化はやむを得ず，平等化を追求すれば経済効率を犠牲にせざるを得ない，つまり経済効率の向上と所得分配の平等化は両立しない，という考え方である。

　ただし，市場主義の主張は，「効率と平等のトレードオフ」以上のことを言っている。先に述べたように，市場主義の主張は，市場原理を強化すれば，不平等は拡大するが，経済効率性が高まる結果，低所得層を含めた国民全体の生活水準が向上する，というものである。これは，単に「効率と平等のトレードオフ」を言う以上に，市場原理を信頼した考え方である。

　ともあれ，「効率と平等のトレードオフ」は，どれほど妥当性をもつ命題なのであろうか。市場主義はこの命題（あるいはそれ以上に市場原理を信頼する命題）を強調するのであるが，この命題に反する事例は，少なくない。まず何より，戦後日本経済の，とくに1980年代までの発展が，総じてみたとき，「効率と平等のトレードオフ」に対する反証である。

第1章でみたように、戦後日本において、高度成長期に、高い経済成長率と所得分配の平等性とが、同時に生じた。この時期、平等な所得分配は、経済成長に貢献したと考えられる。「平等」が「効率」を向上させたのである。1970年代、80年代は、日本経済は、高度成長期と比べて経済成長率が大きく低下したものの[14]、先進国のなかで最も経済成長率が高かったのである。その一方、1970年代は、高度成長期にいっそう進んだ平等性が安定的に維持された。この時期も、「効率」と「平等」とが、両立したとみなしうる。ただし、1980年代は、不平等化が進みはじめ、後半にはバブル景気が発生した。

　企業というミクロの次元においても、日本型企業システムは高い効率性を発揮したのであるが、その一方、企業内の所得分配は正社員間では年功賃金によってかなり平等であった。日本企業は、効率と平等とを両立させてきたのである。

　90年代以降は、経済成長率が大きく低下する一方、所得分配が不平等化した。経済効率の低下と不平等化とが生じたのであり、「効率と平等のトレードオフ」をみることはできない。

　また、海外に目を転ずれば、ヨーロッパの先進国には、スウェーデン、デンマークなどの北欧諸国をはじめとして、分配の平等度が高く、同時に経済の効率性も高い国が少なくない。こうした国々の事例は、「効率と平等のトレードオフ」に対する注目すべき反証である[15]。

　1980年代以降のアメリカは、レーガン政権の新自由主義的な政策以来、市場原理の経済社会への浸透が進み、その結果として、1990年代には、持続的な好景気が発生する。その一方、所得分配の不平等化が進行した。1980年代以降のアメリカ経済は、「効率と平等のトレードオフ」に従う事例を提供している、と言えるかもしれない。しかしながら、この期間に、好景気から大きな恩恵を受けたのは高所得層であり（それもより上位の所得階層ほど大きい）、中所得層以下の所得水準は、停滞ないしは低下した[16]。市場主義が主張するような、低所得層も含めた国民全体の生活水準の向上は、生じていないのである。

実のところ，経済成長と所得分配の平等度とがどのように関連しているのかを詳細に解明することは，非常に難しい。しかし，以上にみたように，「効率と平等のトレードオフ」に反するとみなせる事例は，少なくないのである。もちろん，極端な平等化は，経済効率を損ねるであろう。そして，「悪平等」が社会を支配することになるであろう。市場経済には不平等は必ず伴うものであり，極端な平等化を目指すことは，市場経済の機能を殺してしまう。「効率と平等のトレードオフ」が成り立つ局面は，当然のことながら，どの国にも存在する筈である。

要するに，平等化政策を考えるとき，その国が「効率と平等のトレードオフ」が成り立つ局面にあるのか否かが，重要な問題になる。

現在の日本は，そうした局面にはないと思う。現在の日本の不平等化（とくに低所得者の増大）を放置することは，人道的見地から問題というだけでなく，日本の将来的な経済発展にマイナスの影響が出るおそれがある。不平等化を阻止する，政策的な対応が必要である。

(5) 規制緩和論への疑問

政府規制とは，特定の政策目的を実現するために，国家や地方公共団体が，市場経済へ介入することを言う。政府規制の根拠になるのが，「市場の失敗」である。「市場の失敗」とは，市場経済が引き起こすさまざまな弊害のことである。それは，例えば自然独占や外部性や情報の非対称性などの要因によって生じる。こうした弊害を是正するために，国家が市場経済へ介入する。それは，料金の規制，市場への参入規制，健康や安全面での規制など，さまざまな形で，市場経済の働きを部分的に規制することになる。

市場主義は，政府規制を，単に関連業者の既得権を保護するだけで，経済の非効率をもたらしているものが多い，と批判する。従って，そうした政府規制を廃止し，市場経済の機能を十分に回復させれば，経済効率は向上し，経済成長率が高まる，また景気回復にも大いに役立つ，と言うのである。これが，規

制緩和論である。

　たしかに政府規制のなかには，廃止すべきものも少なくないであろう。一般に，政府規制は，技術の進歩，社会の変化にあわせて，常に見直す必要がある。これは，当然のことである。ただし，政府規制の見直しとは，既存の規制を廃止すべきか否かだけでなく，既存の規制を強化すること，また新たな規制を設けることをも含む。

　市場主義の問題点は，市場経済への過度の信頼にある。市場主義の規制緩和論は，規制を廃止することにのみ熱心で，規制の強化や新設には関心が薄い。市場主義の立場からすれば，市場の働きを妨げるものは，取り除くべきであり，余計な規制は取り入れてはならないからである。政府規制は最小限に止めるべきであり，できるだけ多くのものを市場機構での供給に委ねるべきだからである。

　だが，市場経済にはさまざまな欠陥（市場の失敗）がある。市場機構だけに任せておいたのでは，うまくいかない分野も少なくない。そうである以上，市場経済には，少なからず国家の介入が必要であり，規制が必要である。個々の政府規制については，是々非々で，現状での必要性を慎重に検討しなければならない。常に規制の見直し，規制改革は必要であるが，それは，規制を廃止する一方の作業ではない。今日，環境問題をはじめとして，規制の強化，あるいは新設を検討すべき問題は少なくないのである。

　例えば，金融の自由化が進展したが，その一方，近年のライブドア，村上ファンド，ブルドックソースなどの一連の事件は，日本の証券市場が公正なルールを守るという点で，準備不足であったことを露呈するものであった[17]。敵対的買収への防衛策をはじめとして，証券市場に関する規制の再構築は，今日の重要な課題である。

　また，規制緩和論のもう一つの問題点は，それが景気対策として主張されたことである。規制緩和によって企業活動が活発になれば，景気回復に役立つと言うのである。しかし，規制緩和は中長期的に経済の効率を上げ，経済成長率

を高めるための政策である。短期の景気対策に役立つものではない。むしろ，景気を悪化させる恐れの方が大きい（この点について，詳しくは第6章第3節(2)を参照）。

(6) アメリカ型企業システムは経済的，社会的安定をもたらすか

市場主義は，アメリカ経済，とくにアメリカ型企業システムを，規範的モデルとしている。たしかに90年代のアメリカ経済は，アメリカ型企業システムを原動力にして，たいへんな好景気を現出させた。しかし，90年代のアメリカ経済は，全体を見たとき，必ずしもうまくいっていない。好景気は，同時に，貧富の格差の拡大，雇用不安，株価のバブル，巨額の経常収支赤字を発生させた。アメリカの好景気は，そうした負の側面と切り離せないものであった[18]。

また，アメリカ型企業統治は随分もてはやされたが，実際にどれほど経営者を監視できるのか，疑わしめる不祥事が2000年代になって発覚した。エンロンやワールドコムなどの巨大企業において，経営破綻に伴い，大変な不正会計が行われていたことが明るみに出たのである。

つまり，たとえ日本人がアメリカ人と同じように，アメリカ型企業システムを使いこなすことができたとしても（以下にも述べるようにそうしたことが可能だとは思わないが），われわれは，経済的，社会的安定を達成できるわけではないのである。

(7) 価値観，倫理観は簡単に変えられない

企業システムをアメリカ型に改革するということ，あるいは政府システムも含めた経済システム全体を市場主義が主張するようなものに改革するということは，われわれの価値観，倫理観も，アメリカ型に，あるいは市場主義型に改革するということを，意味する。つまり，企業システム，経済システムの根本的な改革は，価値観，倫理観の面においても，根本的な改革を必要とする。しかし，そのようなことが，果たして可能であろうか。

価値観,倫理観の根本的な改革は,人々にたいへんな心理的苦痛を与え,激しい社会的軋轢・混乱を引き起こすであろう。その社会的コストは,計り知れない。そして,結局のところ失敗すると思う。

日本の企業システム,経済システムに,改革は必要ないと主張しているわけではない。改革は,さまざまな面において必要であろうし,現に行われてもいる。しかし,アメリカ型企業システム,あるいは市場主義型経済システムという相当に異質なシステムへ一気にジャンプすることは,得策でもないし,可能でもない。改革は,日本企業が,そして日本社会が,歴史的に積み上げてきたもの,経済的,社会的,文化的な蓄積に依存する。これまでの豊富な蓄積を無視して,改革の成功はあり得ない。

(8) 今回の景気回復について

2002年1月を底に,長く景気回復が続いている(2007年12月現在)。回復期間の長さでは,「バブル景気」(51ヵ月),さらに「いざなぎ景気」(57ヵ月)を超えて,戦後最長である。しかし,その勢いは弱々しい。回復期間内の平均実質成長率(年率)は,「いざなぎ景気」が11.5%,「バブル景気」が5.4%と高い値を実現したのに比べて,今回の景気回復は,2002年1～3月期から2007年1～3月期までについて,2.2%と非常に低い[19]。「実感なき景気回復」と言われる所以である。とは言え,この息の長い景気回復によって,最悪期には5%を超えていた失業率は,2007年には3.9%と,4%を切るまでに改善した。また,平成不況下において日本経済に重くのしかかっていた三つの過剰,雇用の過剰,設備の過剰,債務の過剰が解消され,それに伴って,企業収益の改善が進んでいる[20]。とくに大中堅企業での収益改善が著しい[21]。

自民党の政治家は,今回の景気回復は小泉政権の「構造改革」の成果である,と主張する。緊縮財政,規制緩和,不良債権処理の加速等々を内容とする「構造改革」は,市場主義に強く影響されている。今回の景気回復が,もしも「構造改革」によってもたらされたものであるならば,それは市場主義の正しさを

証明する根拠になるであろう。しかし，今回の景気回復は，「構造改革」の成果なのだろうか。

第6章で詳しく論じるが，市場主義は，総需要を縮小する効果をもつ。不況期には，市場主義的な政策は，景気をさらに悪化させるだけである。従って，小泉政権の「構造改革」は基本的に間違った政策である，と筆者は考える。では，なぜ景気は回復しているのか。その要因は，外需にある。輸出が大きく増加したことが，景気回復をもたらした。アメリカ，中国の好景気をはじめとした世界経済の拡大によって，日本の輸出，とくに中国向けの輸出の伸びが，著しかったのである。そして，輸出の増加は，設備投資も増加させた。

三橋・内田・池田［2007］は，今回の景気回復をミレニアム景気と名付けて，次のように分析している[22]。四半期別実質GDPを2002年1～3月期を100として指数化すると，2006年7～9月期は109.5であり，4年半の間に実質的な経済活動を9.5％増加させている。同様の指数化を需要項目別に行うと，輸出は156.7で，断然大きな，6割近い増加である。二番目に大きいのが民間設備投資で128.3，3割近い増加である。これに対して，民間消費は104.8と小さな増加にとどまっている。そして，緊縮財政の下，公共投資は64.2と4割近く減少している。

こうして三橋・内田・池田は，次のように述べている。「小泉政権はことあるごとに『構造改革なくして景気回復なし』を口にしていたが，構造改革の結果として景気が回復したわけではない。回復の援軍は海の外からやって来た。小泉政権はラッキーだった，というのがミレニアム景気の真相なのだ」[23]。

ただし，「構造改革」の範囲外の経済政策が，景気に対してプラスの効果を発揮した。ゼロ金利政策（1999年2月から2006年7月まで，ただし，途中2000年8月から2001年3月まで解除）から，さらに量的緩和政策（2001年3月から2006年3月まで）へと至った金融の超緩和は，円安を促進する効果をもったであろう。また，2003年から2004年はじめにかけては，円高阻止のために，外国為替市場への大規模な介入が行われた。その総額は，約35兆円に上る（財務省「外国為

替平衡操作の実施状況」)。こうした円安誘導，ないしは円高阻止の政策は，輸出産業を助け，今回の輸出主導の景気回復を後押ししたであろう。

また，企業収益の大きな改善は，人件費の削減，生産コストの削減，債務返済による支払利子の削減，その他さまざまな面における企業の合理化努力によるところも大きい。また，合理化努力は，企業の競争力を強化する。こうしたことから，合理化努力による企業の体質改善を，景気回復をもたらした要因として強調する見方もある。たしかに企業の体質改善は，景気回復への準備を整えた，とは言えるだろう。しかしながら，人件費削減等の合理化は，総需要を縮小させ，不況をさらに悪化させる。それは，不況 → 合理化 → 不況の深化 → さらなる合理化……という悪循環を引き起こす。そうした作用をもつ。個々の経済主体の不況対策が，その個々の意図に反して，経済全体の不況をいっそう悪化させるのである（これは一般に「合成の誤謬」と言われる問題であるが，よく知られているように，この問題を理論的に解明したのがケインズである）。従って，合理化努力だけでは，景気回復は生じない。むしろ景気を悪化させる。輸出の増加がなければ，今回の景気回復は生じなかった筈であり，輸出の増加を，今回の景気回復の基本的要因とみるべきである[24]。

## 3．結 び

以上みてきたように，市場主義の主張に説得力はない。市場主義の主張に従って，企業システムをアメリカ型に，政府システムを「小さな政府」にすることが，日本にとって，得策であるとは考え難い。

日本企業の課題は，日本型企業システムの本質的特徴を維持して，その良さをさらに活かすことである。その一方，政府は，ケインズ主義を適切に利用して，景気変動に対処すべきである。ケインズ主義を手放してはならない。また，拡大する分配の不平等に対しては，所得再分配政策をはじめとして，さまざまな政策手段を用いて，その是正を図るべきである。不平等の拡大を放置すべきではない。「小さな政府」では，社会的安定性を維持できない。「市場の失敗」

に対処するため，政府がなすべきことは多いのである。

【注】
1) 平成不況を総需要の不足から説明したものに，山家［1997］［2001］，小野［1998］［2001］，伊東［1999］［2006］，吉川［1999］，植草［2001］，松原［2003］などがある。また，総需要不足の要因として，デフレの影響を強調したものに，岩田［2001］，野口・田中［2001］，原田［2003］などがある。
2) 日本型企業統治は経営者への監視が甘く，それがバブル経済の原因になった，という見解があるが，第5章第3節で論じるように，この見解には賛成できない。
3) ただし，魅力的な新商品の登場が，必ずしも景気回復につながるとは限らない。魅力的な新商品が登場しても，消費者が，他の商品への支出を減らしてその商品を購入するのであれば，全体として需要は増えないからである。松原［2003］pp.98-99参照。ここで松原は，携帯電話のヒットによる景気押し上げ効果は，別の商品，例えば漫画週刊誌の売り上げ減少によって相殺された，などの例を挙げている。
4) ここで述べる長期的な視点については，村上［1984］第8章，飯田［1991］第2部補論1が参考になった。また，吉川［1992］第2章，吉川［1997］第5章も参照。
5) 高度経済成長を終わらせた主因は石油ショックである，というのが一般に流布している見解であろう。たしかに石油ショックは日本経済に大きな影響を与えたが，それが高度経済成長を終わらせた主因という説は，十分な説得力をもたない。吉川［1992］pp.88-94，吉川［1997］pp.141-146，小峰［2003］pp.23-24参照。また，変動相場制への移行や貿易摩擦の悪化により輸出主導型の経済成長が行き詰まったことが高度経済成長を終わらせたという説もあるが，これも説得力をもたない。高度経済成長期は内需主導型の成長であり，むしろ安定成長期以降，外需（純輸出）の経済成長への寄与率は高まるのである。吉川［1992］pp.100-103，吉川［1997］pp.153-157，小峰［2003］pp.23-25参照。
6) 内閣府［2006］pp.158-159参照。
7) 系列取引については，後の章でほとんど言及されないので，ここで少し触れておきたい。平成不況のなかで，系列取引は崩壊するであろう，そしてそれはすでに始まっている，と言われた。系列取引には，しがらみやコネに依存した非効率な取引関係に堕落しかねない，という短所がある。たしかに，そうしたぬるま湯的系列関係は，厳しい不況のなかで，消滅するほかはないであろう。さらに，インターネットの利用により商取引の範囲が拡大し，有利な条件を出す企業を探すことがずっと容易になれば，ぬるま湯的系列関係が生き残る余地は，ますますなくなるであろう。しかし，系列取引には，第2章第2節で述べ

たように，市場取引に組織的な要素（長期的な協力関係）を組み込むことによって生産の効率性を高める，という長所がある。この長所は依然として有効であり，そうである限り，系列取引全体が崩壊することはないと思う。平成不況下において，系列取引の崩壊として指摘された事態は，ぬるま湯的系列関係の清算であり，系列関係に厳しさが増してきたとは言える。しかし，それは，系列取引全体の崩壊ではなく，その効率性をいっそう高めるために，系列取引が再編成された，と言うべきであろう。伊丹[2000a] pp.250-254参照。また，藤本[2004] p.38は，カルロス・ゴーン社長の下，系列関係が放棄されたと言われた日産自動車で，実際に行われたことは，以上のような，系列取引の再編成であったことを指摘している。

8) 植草[2001]は，90年代の景気対策に効果があったことを，丁寧に跡付けている。また，中谷[2007] p.395参照。
9) 吉川[1999] pp.171-172参照。
10) 吉川[1999] p.174参照。そこにおいて吉川が述べているように，社会資本は，人的資本や健康などを含めて，広い意味で考える必要がある。
11) このパラグラフは，大竹[2005]第1章による。
12) 太田[2005]参照。
13) 太田・坂口[2004]参照。
14) この経済成長率低下の主因は，本節(1)の[補論]で述べたように「経済の成熟化」及び「キャッチアップ過程の終焉」である。平等化が，経済成長率の低下を招いたわけではない。
15) 橘木[2006] pp.160-161参照。そこにおいて橘木も述べているように，北欧諸国においても，これまでに経済不振の原因として高福祉が批判され，福祉政策の見直しが行われたことがある。つまり，北欧諸国においても，「効率と平等のトレードオフ」が妥当する局面はある。
16) 春田・鈴木[2005] pp.12-13, pp.172-177参照。
17) 上村[2005]，上村・金児[2007]参照。
18) 90年代のアメリカ経済の全体的な構図については，吉富[1999]を参照。
19) 内閣府[2007] pp.52-53参照。
20) 内閣府[2006] pp.12-15参照。
21) 内閣府[2007] p.16参照。
22) 三橋・内田・池田[2007] pp.48-49。
23) 三橋・内田・池田[2007] p.49。
24) このパラグラフについては，伊東[2006] pp.108-118, 松原[2005] pp.25-27を参照した。

# 第II部

# 日本型経済システムの諸特徴

# 第3章

# 長期雇用慣行の長所と可能性

　日本型企業システムの中核は，長期雇用慣行である。本章では，長期雇用慣行の長所と，さらなる可能性とを論じる。まず第1節では，長期雇用慣行の長所を論じる。長期雇用慣行の長所を大いに活用することによって，日本企業は，高い経済効率性を達成し，国際競争力を獲得した。ところが，平成不況下の長引く景気低迷のなかで，長期雇用慣行は日本の経済発展の障害である，と批判されるようになった。そして，アメリカ企業をモデルとして，雇用の流動化が主張されるようになった。しかし，筆者は，長期雇用慣行を否定すべきではなく，むしろ長期雇用慣行のいっそうの機能向上を図るべきである，と考える。これを，第2節で述べる。第3節では，平成不況下において，しばしば「終身雇用（長期雇用慣行）は崩壊した」ということが，マスメディア等において言われたが，これが果たして正しい表現なのかを検討する。第4節では，長期雇用慣行の機能向上を図るために，示唆に富むいくつかの研究を紹介する。

## 1．長期雇用慣行の長所[1]

　長期雇用慣行とは，文字通り，同一企業に長く勤め続ける，という雇用慣行のことである。典型的には，学校を卒業して，最初に入社した企業に定年まで勤め続ける，という形態をとる。実際，表3-1に示されているように，日本の労働者は，他の先進諸国の労働者と比べて，平均の勤続年数が長い[2]。長期雇用慣行は，業績不振に陥ってもできるだけ解雇は避ける，という企業と従業員との間の信頼関係に基づく。

表3-1　勤続年数の国際比較

(単位：%)

|  | 日本 | ドイツ | フランス | イギリス | アメリカ |
|---|---|---|---|---|---|
| 1年未満 | 9.8 | 12.8 | 15.7 | 18.6 | 28.8 |
| 20年以上 | 19.3 | 16.7 | 15.8 | 9.6 | 8.8 |
| 平均 | 10.9 | 10.4 | 10.1 | 7.9 | 6.7 |
| 男性平均 | 12.5 | 12.1 | 10.6 | 9.2 | 7.5 |
| 女性平均 | 7.3 | 8.0 | 9.6 | 6.3 | 5.9 |

(注) 日本，ドイツは1990年，フランス，イギリス，アメリカは1991年の数値。
(出所) OECD [1993] Table 4.1.

こうした長期雇用慣行の長所として，以下のような点が挙げられる[3]。

第一に，雇用が安定する。言うまでもなく，雇用の安定は，従業員の生活の安定につながる。

第二に，雇用の安定は，従業員の企業への忠誠心を高める。その企業に長く勤めると思えばこそ，従業員は，自分が勤める企業の長期的な発展を願い，その企業のために本気になって努力する気持になれる。それが，自分の利益にもなるからである。いつ解雇されるか分からないのでは，そういう気持にはなれない。また，雇用の安定は，同じ企業に働く人々の間に「運命共同体的意識」を醸成し，従業員間の一体感を高める。

第三に，メンバーが長期にわたって固定されると，従業員間での情報の交換・共有・蓄積が進むこと，また従業員間の協調性（チームワーク）や信頼関係が生み出されることによって，生産，経営，研究開発等において，企業組織の効率性が高まる。

第四に，第三の点と密接に関連するが，従業員の技能形成，とくにその企業に適した技能，すなわち企業特殊的技能の形成が促進される[4],[5]。雇用期間が短いと，企業にとって教育・訓練によって従業員の技能を高めることは，費用が便益を上回り，得策ではなく，また従業員にとっても，他企業に移ってしまえば役に立たない，企業特殊的技能を身に付けることの利益は少ない。逆に，

長期の雇用が高い可能性で期待されるとき，労使双方にとって，従業員の技能形成を積極的に進めることが，利益になる。

　第五に，これまで述べた第一から第四までは，従業員と企業にもたらす有益な効果であるが，社会全体にとっても，有益な効果をもつ。雇用の安定は，失業の発生を防ぐことによって，社会的な対立・緊張を和らげ，社会秩序を保つ。また，従業員の消費需要の減少を抑え，景気を下支えする効果ももつ[6]。

　また，長期雇用慣行の下，日本企業では，職場ローテーションが行われる。職場ローテーションとは，従業員が，企業内のさまざまな職場を，配置転換によって幅広く経験することである。また，それと密接に連関するが，日本企業では，職務編成がきわめて柔軟である。こうした日本企業の特徴は，職務の範囲が明確に規定され，職務編成が硬直化している，欧米企業と対比されてきた。

　職場ローテーションと柔軟な職務編成とは，日本企業の長期雇用慣行の機能を高めている。それは，以下のような理由による。

　第一に，職場ローテーションは，従業員の幅広い技能形成を促す。そして，幅広い技能は，従業員の問題処理能力を高める。また，職場ローテーションは，従業員間の情報共有を進める。幅広い技能と情報共有とは，従業員間の協調性（チームワーク）を高める[7]。

　第二に，第一の点に含まれることではあるが，不確実性への対応が容易になる。企業は，さまざまな予測のできない変化，不確実性に直面している。例えば，一般に，今日の製造業企業は，多様な種類の製品を生産しているが，それら製品への需要は短期的に変動し，これを的確に予測し得ない。個々の従業員が，幅広く職務をこなすことができるならば，従業員の職務配置を柔軟に調整することによって，そうした変化への対応が円滑に行われる。

　第三に，とくに管理職にとっては，その仕事の性質上（統括する部門内の管理・調整，他部門との交渉・調整など），企業内の職務についての幅広い知識は，必須である。

　第四に，不況時においては，余剰人員を繁忙な部門へ配置転換することに

よって，解雇を避けることができる。

第五に，技術革新への適応を容易にする。新たな技術が導入され，不必要になる職種が発生しても，職務を柔軟に調整することによって，解雇者を出さずに対応できる。

以上をまとめれば，次のようである。長期雇用慣行は，雇用を安定させ，従業員の生活を保障する。雇用の安定は，従業員の企業への忠誠心や，従業員間の一体感の基盤ともなる。また，長期雇用慣行は，従業員の技能形成，とくに企業特殊的技能の形成を促進するとともに，従業員間の情報の交換・共有・蓄積を進め，企業内の協調性（チームワーク）や信頼関係を高める。また，職場ローテーションと柔軟な職務編成とによって，長期雇用慣行の機能は，いっそう高められる。さらに，長期雇用慣行には，社会秩序の維持への貢献や景気の下支えという，社会的に有益な効果もある。

長期雇用慣行は，こうした優れた性質を有し，日本企業の効率性と国際競争力の源泉となるとともに，社会的な安定にも寄与してきたのである。それは，日本型企業システムの最も重要な部分，中核的存在と言いうるものである。

## 2．長期雇用慣行を放棄すべきか

前節で論じたような長所を有する長期雇用慣行は，戦後日本経済の発展を支えた大きな要因であった。しかし，90年代以降，景気低迷が長引くなか，長期雇用慣行への逆風が吹き荒れている。

長引く不況は，解雇の増大，失業率の上昇，非正規雇用の拡大を引き起こした。長期雇用慣行が，部分的にせよ，崩れてきている。深刻な不況下において，こうした事態の発生は，避けがたいことではある。

また，長引く不況は大規模な過剰雇用を発生させ，そうしたなか，長期雇用慣行が経済成長を妨げている，と批判されるようになった。もっと解雇をしやすくし，雇用を流動化することが，企業改革，事業転換を促進し，経済を活発化する，と言うのである。

このように，現実の経済状況が長期雇用慣行の維持を難しくするというだけでなく，規範的な論議においても，長期雇用慣行に対して否定的な見解が盛んになってきたというのが，90年代以降の成り行きである。

しかし，長期雇用慣行は，もはや不要なのであろうか。雇用の流動化をさらに積極的に促進することが，日本経済の発展につながるのだろうか。

深刻な不況が，解雇を大規模なものにすることは致し方ないであろう。また，深刻な不況下において，長期雇用慣行が企業に重い負担となることも避けられない。それは，長期雇用慣行に伴うコストである。しかし，そうしたコストのゆえに，長期雇用慣行を否定すべきではない，と考える。長期雇用慣行には，先に述べたような長所がある。長期雇用慣行を否定することは，この長所を失うことになる。そして，長期雇用慣行は，日本型企業システムの根幹であり，これを否定することは，日本型企業システムを否定することである。

平成不況下においても，優れた機能を発揮した日本企業は少なくない。第2章第2節(2)で述べたように，とくに製造業の分野では，多くの日本企業が高い国際競争力を維持した。この日本の製造業の国際競争力を支えているのが，長期雇用慣行をベースとした日本型企業システムである。この日本企業の強みを投げ捨てて，その後，いったいどういう新たな強みをわれわれは手に入れることができるのだろうか。これに関して確かな展望がない以上，これまでの日本企業の強みを放棄することが，得策であるとは考えにくい。

われわれは，長期雇用慣行を否定するのではなく，むしろ長期雇用慣行の機能をさらに高めることを，もっと考えるべきではないだろうか。長期雇用慣行の潜在力を十分に発揮させるような努力，多くの日本企業にとって，それが重要な課題なのではないだろうか。

この問題に第4節で立ち返りたいと思うが，その前に次節では，平成不況下において，しばしば「終身雇用（長期雇用慣行）は崩壊した」と言われてきたが，これが果たして正しい表現なのかを検討する。

## 3. 長期雇用慣行は崩壊したか

平成不況が続くなか，解雇が増大し，失業率が上昇した。また，非正規雇用の割合が高まった。その結果，「終身雇用の崩壊」などの見出しが，マス・メディアにおいて飛び交った。しかし，終身雇用（長期雇用慣行）は，本当に崩壊したのだろうか。

図3-1は，標準労働者（新規学卒で採用された後，同一企業に勤続する労働者）の割合を，年齢階層別に見たものである。これによれば，35歳層以上については，標準労働者の割合は，継続的に上昇している。平成不況下においても，正規従業員については，長期雇用慣行は，むしろ強まっているのである[8]。

しかし，その一方で，表3-2に示されているように，パート，アルバイトなど，非正規従業員の割合が顕著に増えている。勤続年数が短く，不安定な就業状態にある労働者が増えている点では，長期雇用慣行は弱まり，雇用の流動

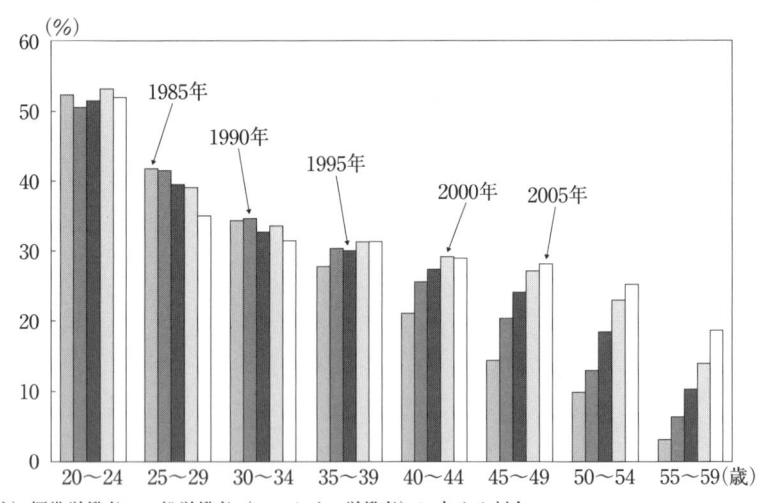

図3-1 勤続勤務者の割合（男性，学歴計）

(注) 標準労働者の一般労働者（フルタイム労働者）に占める割合。
(出所) 厚生労働省[2006]第3-(3)-4図。原資料は厚生労働省「賃金構造基本統計調査」，これをもとに厚生労働省労働政策担当参事官室が推計。

表3-2　非正規雇用者の割合の推移

(単位：％)

|  | 男女計 | 男性 | 女性 |
|---|---|---|---|
| 1995年 | 20.9 | 8.9 | 39.1 |
| 2000年 | 26.0 | 11.7 | 46.4 |
| 2005年 | 32.3 | 17.8 | 51.8 |
| 2007年 | 33.7 | 18.4 | 54.1 |

(注)　雇用者に対する割合。
(出所)　1995年，2000年は総務省「労働力調査特別調査」（2月調査），2005年，2007年は総務省「労働力調査（詳細結果）」（1～3月平均）。

化が進んでいる。長期雇用慣行の対象となる労働者層が縮小しているのである。これは，今日「格差社会」と言われる問題の主要な原因であり，何らかの政策的な手立てを必要とする問題である。

　長期雇用慣行に関して，二つの反対方向を向いた変化が同時に進行しているのであるが，長期雇用慣行が崩壊した，という言い方は，現実の正確な表現とは言えない。長期雇用慣行の適用範囲が狭まっているとはいえ，一方において，長期雇用慣行は維持されているのである[9]。

　表3-3に示されているように，企業の雇用方針をみても，長期雇用慣行を維持したいと考えている企業の割合は高い。多くの日本企業は，長期雇用を通

表3-3　長期雇用についての企業の方針

(単位：％)

| 企業規模 | 長期雇用はできるだけ多くの従業員を対象にして維持する | 長期雇用は対象者を限定して維持する | 長期雇用は経営の優先的課題ではない |
|---|---|---|---|
| 企業規模計 | 69.4 | 21.3 | 8.7 |
| 300人未満 | 67.0 | 24.6 | 8.5 |
| 300～499人 | 71.8 | 18.9 | 9.3 |
| 500～999人 | 70.6 | 20.2 | 9.2 |
| 1,000人以上 | 73.2 | 20.1 | 6.7 |

(出所)　厚生労働省［2006］付3-(3)-1表。原資料は，労働政策研究・研修機構「現代日本企業の人材マネジメント－プロジェクト研究「企業の経営戦略と人事処遇制度等に関する総合的分析」―中間とりまとめ―」。

じて,企業内に優れた人材を育成・確保することを依然として重視しているのである。その一方,非正規雇用の活用によって,雇用調整も柔軟にできるように図る。「企業は,今後も,雇用と経済の行方を見通しながら,正規雇用と非正規雇用の組み合わせについて戦略的な対応を進めていく」ということであろう[10]。

また,長期雇用慣行の意味について,あらためて考えてみる必要がある[11]。長期雇用慣行とは,どんなことがあっても雇用を保障する,という制度ではない。当然のことながら,市場経済においては,そのようなことは不可能である。平成不況以前から,大企業でも,解雇は行われてきた。長期雇用慣行とは,絶対に解雇はしないということではなく,「不況期においてもできるだけ解雇は避ける」という努力目標であり,社会規範である[12]。

実際,多くの日本企業は,不況期において,初めは,残業規制による労働時間の短縮によって対処する。また,中途採用の削減・停止,企業内の配置転換,グループ企業への出向などの対策も講じられる。それでも十分でない場合,さらに一時帰休やパートタイマーの再契約停止・解雇などを実施する。それらの手段によって,できるだけ解雇を回避しようとする。しかし,いろいろ手を打って,どうしても間に合わない場合,希望退職者の募集や解雇が行われる。つまり,不況への対処は,「痛み」の小さい(あるいは「痛み」を従業員全体で分かち合う)ソフトな手段から,だんだんと「痛み」の大きい(あるいは「痛み」が特定の人に集中する)ハードな手段へ移行する。

これが,日本企業がこれまで行ってきた雇用調整のパターンである。こうしたやり方によって,雇用を守り,なるべく解雇を避けてきたのである。しかし,解雇を行わなかった訳ではない。

平成不況下においても,こうしたやり方に変わりはない。ただ,不況が非常に深刻なので,それだけ解雇の規模が大きくなっているのである。これによって,長期雇用慣行という日本企業の方針が変化したと解釈することは,早計であろう[13]。長期雇用慣行は,何より努力目標であり,社会規範であることを,

われわれは確認しておく必要がある。

## 4．長期雇用慣行の可能性

　第2節で論じたように，日本企業は長期雇用慣行の機能をさらに高めることを，考えるべきである。では，どうしたら長期雇用慣行の機能をさらに高めることができるのだろうか。これについては，簡便なマニュアルは存在しない。各企業が，それぞれの企業内外の事情に応じて，自ら考え，改善，改革を進める外はない。

　ただ，そうした改善，改革を進める上で，ヒントを与えてくれるであろう研究がある。以下では，そのような研究を，いくつか紹介する。

　まず，藤本[2003]の所論を，取り上げる。藤本は，日本の自動車企業，とくにトヨタ自動車の高い国際競争力の要因を分析している。

　藤本は，「組織能力」という概念を用いる。そして，組織能力は「もの造り能力」「改善能力」「進化能力」の三階層からなる，と言う。「もの造り能力」とは，「日常的な現場の生産活動において，同じ製品を，競争相手より低いコスト，高い品質，短い納期で供給し続ける」組織能力である。「改善能力」とは，「生産現場の『改善活動』や新製品の開発を通じて，生産工程や製品のレベルを不断に向上させていく」組織能力である。「進化能力」とは，「もの造り能力」と「改善能力」の基底にあって，そうした能力を構築する組織能力である[14]。

　この三階層からなる組織能力の中核を占めるのは，「進化能力」である。そして「進化能力」の本質は，「『システム創発』という混沌とした状況のなかで，なおかつ何があっても学んでしまうという，『しぶとい学習能力』である」[15]と言う。ここで「システム創発」とは，次のようなものだ。企業組織のような社会システムの場合，変化は，事前の計画が奏功するケースだけでなく，思わぬ失敗，思わぬ成功など，複雑な累積的プロセスを経て進行する。この「計画と偶然が渾然一体となったシステム変異のメカニズム」を，藤本は「システム

創発」と呼ぶ[16]。

　上記の「しぶとい学習能力」とは，ある種の「心構え」であり，従業員の多くがこうした「心構え」を共有していることが，組織の「進化能力」の本質的な部分である，と藤本は言う[17]。トヨタ自動車の高い競争力の源泉は，突き詰めれば，この従業員が共有する「心構え」が生み出す，ダイナミックな「進化能力」である，というのが藤本の説くところである。

　藤本は，日本のもの造り現場には「少なくとも数倍の生産性格差が存在する」[18]と言う。日本国内の企業間，工場間に，大きな競争力格差がある，というのである。そして，藤本は，「日本のもの造り能力の全体的なかさ上げ」が必要であり，そのために，「トヨタに学べ」と言い続けている，と言う[19]。ただし，それは，トヨタがやっていることをどの企業もそのまま真似しろ，ということではなく，トヨタから何を学ぶかはその企業の特性に応じて，である[20]。

　高度の「組織能力」は，長期雇用慣行に基づいて，形成されるものである。雇用が短期的で流動性が高い場合，高度の「組織能力」は望み難い。藤本の主張は，言い換えれば，日本の長期雇用慣行は，まだまだその潜在力が十分に発揮されていない，ということであろう。日本の長期雇用慣行は，さらにその長所を伸ばす大きな余地がある，というのである。

　藤本の「組織能力」という議論は，つまり「企業文化」の問題を論じている，と言うことができる。企業文化の重要性は，むろん製造業に限らない，あらゆる企業に共通する。

　新原[2003]は，日本の優秀企業約30社を調査した研究において，企業文化の問題を指摘している[21]。新原によれば，優秀企業に共通する六つの特徴の一つは，お金以外の「世のため，人のためという自発性の企業文化を企業に埋め込んでいること」である[22]。利益は目的ではなく手段であり，「利益を上げることを通じて長期にわたり社会に貢献することを目的とする」[23]企業文化が，「企業を長期的な発展に導き，株主の長期的利益とも整合的である」[24]と言う。

企業が発展するためには,「会社のため」や,「会社の中の組織(部,課など)のため」という価値観を,経営者や従業員が持つことは,適切ではない。それは,近年の企業不祥事の事例がよく教えてくれる[25]。必要なのは,「世のため,人のため」という,宗教的な感覚とも言い得るような,使命感,倫理観を,経営者や従業員がもつことである。経営者と従業員が,そうした価値観,企業文化を,しっかりと共有し,自己の行動を方向づけることである,と新原は説く[26]。

また,この企業文化に,経営者や従業員が,自発的に従うのでなければならない[27]。株主が(資本市場を通じて,取締役会を通じて等)経営者を監視し,経営者が従業員を監視するという「監視のガバナンス」によっては,企業内に本当の意味での規律を生み出すことはできない,と新原は主張する。なぜならば,自発性によって動機づけられていない人間を,監視によって規律づけることには,所詮限界があるからである。「監視のガバナンス」の必要性を否定するわけではないが,それは補完的な意味しかもちえない,と言う。

新原は,「監視のガバナンス」に対比して,「自発性のガバナンス」を説く。「自発性のガバナンス」とは,経営者や従業員が,企業文化によって自発的に動機づけられ,自己規律するものである。「自発性のガバナンス」は,経営者や従業員の使命感や倫理観や情熱によって支えられている。こうした「自発性のガバナンス」によって,企業内に,真に規律が生まれるのである。

このように,新原は自発性の企業文化の重要性を説くのであるが,自発性の企業文化を企業に定着させるためには,経営者を含めた従業員に運命共同体的意識があることが有利である,と新原は言う[28]。第1節で述べたように,そうした運命共同体的意識の醸成が,長期雇用慣行の長所の一つである[29]。

さらに,社会のために仕事をするという使命感に支えられた,自発性の企業文化を生み出すために必要な条件として,資本市場を通じた株主からの圧力よりも,競争的な製品・サービス市場を,新原は挙げている[30]。「会社は誰のために存在するか」を問い直せば,それは顧客である。資本市場を通じた「監

視」より，顧客と直接向き合う製品・サービス市場が競争的であることが肝心である，と言うのである。「世のため，人のため」という自発性の企業文化を生み出すためには，競争的な製品・サービス市場の「力」によって，経営者や従業員が規律づけられなければならない。逆に言えば，政府規制等によって市場競争が抑制されている場合，経営者や従業員への規律づけが十分に働かない。市場競争による規律づけの重要性は，多くの論者が指摘しているが，新原による優秀企業の研究によっても，確認されている。

ただし，競争的な製品市場は，企業行動に規律をもたらす十分条件ではない[31]。松原[2005]は，この点を，三菱自動車の事例を挙げて，指摘する。三菱自動車は，製品市場での競争が激しい自動車産業に属している。しかし，リコール隠し，欠陥隠し，ヤミ改修など，組織的な隠蔽体質が明らかとなり，深刻な業績不振に陥っている。その一方，同じ自動車産業に属するトヨタ自動車は，好調に業績を伸ばしている。トヨタ自動車については，先に藤本の研究を紹介したが，松原もトヨタ自動車を高く評価する。松原によれば，トヨタ自動車は，「危機感を持つ従業員たちが，何十年も先を見越し試行錯誤と改善を持続する稀有な組織体」[32]である。

資本市場にせよ，製品市場にせよ，「市場による規律づけ」だけで，正しい企業行動がもたらされるわけではない。同じ自動車産業に属し，製品市場での激しい競争にさらされている二社が，どうしてこうも対照的な企業状況にあるのか。松原も，その要因として，企業文化の重要性を指摘している。

佐藤・玄田編[2003]の日本の中小企業に関する研究も，注目に値する。佐藤・玄田らは，日本の中小企業に対する豊富な調査結果をもとに，企業が成長するためには何が必要かを分析している。その結論は「企業成長を実現するためには『人材育成』が不可欠」，「伸びる企業は人を育てている」というものである[33]。

この本の説くところを，いくつか紹介しよう。1997〜99年にかけて，調査対象企業（3,973社）のうち，わずか4％の企業が，調査対象企業全体の雇用増

加数の42.8％を創り出している[34]。「人を育てる」ためにまず重要なことは，経営者が確固たる「人材育成」観をもち，それをわかりやすく従業員に伝えることである。成長する企業に働く従業員は，単に金銭のためだけに働くのではなく，やりがいを求める傾向が強い。成長する企業には，経営者のよき相談相手となり，経営者と従業員との意思疎通の仲立ちとなる，右腕（有能なナンバー2）の存在が重要である。育てた人材の企業への定着を図るためには，責任ある仕事を任せる，仕事に自由度を与える，社内のコミュニケーションをよくする，職場の雰囲気が明るく透明である，などが大切である，等々。

言うまでもなく，人材育成のためには，人材の企業への定着（長期雇用）が，必要である。この本の分析は，アメリカ企業をモデルに，雇用の流動化を唱え，リストラ（解雇）を安易に奨励するような90年代以降の風潮は，人材育成を妨げ，企業成長につながらないことを示している。それとともに，企業成長のためには，やりがいを感じられる等，魅力的な企業文化が大切であることを，示している。

長期雇用慣行を維持するだけで，企業の競争力が高まるわけではない。ただ漫然と長期雇用慣行を続けても，競争力の低下を招き，長期雇用慣行それ自体が維持できなくなるだろう[35]。重要なのは，長期雇用慣行に基づいて，人材を育成し，技能の向上・蓄積を進めること，優れた企業文化を形成すること，である。つまり，長期雇用慣行の実質を充実させ，その機能の向上を図ること，である。長期雇用慣行の機能の向上，これが，これからの日本企業にとって，これまで以上に，重要な課題であろう。

【注】
1) 本節については，主に Aoki [1988]，伊丹 [1987]，小池 [2005]，小宮 [1989]，鶴 [1994] などを参考にした。
2) ただし，日本においても，労働者全体が長期雇用慣行の下にあるわけではなく，長期雇用の傾向をよくみることができるのは，主として大企業に働く男性正規従業員に限られる。また，表3-1から分かるように，国際的にみて，とく

に日本だけが，長期雇用の傾向を，際立って有しているわけではない。
3)　以下の論点整理については，とくに鶴[1994] pp.85-86を参考にした。
4)　企業特殊的技能の形成にとって重要なのは，OJT（仕事をしながら技能を身に付けること）である。
5)　ただし，小野[1989]第7章は，技能の企業特殊性はわずかであると言う。その代わり，インフォーマルなネットワークにおいて醸成される信頼や忠誠心といった精神的要素の，企業特殊性を強調する。小野は，この信頼や忠誠心の企業特殊性が，長期雇用慣行を成立させていると主張する。
6)　さらに，長期雇用慣行の長所として，労働の取引費用の節約という点が挙げられる。労働の取引費用とは，労働力という商品の取引を成立させるための費用という意味である。具体的には，企業にとっては，募集・採用・訓練などにかかる費用であり，従業員にとっては，職探しにかかる費用である。
7)　小池[2005]によれば，幅広い技能形成によって，労働者は，問題処理能力と変化への対応力を身に付ける。小池は，労働者がこうした能力を培うことを，「知的熟練」と呼んだ。小池によれば，「知的熟練」度の高い労働者が多く，またそれがブルーカラー労働者にまで広がっていることが，日本企業の強さの重要な要因である。Aoki[1988]は，現場従業員への広範な権限の委譲の下，情報共有と幅広い技能形成とに基づく，従業員間の意思決定の相互調整を「水平的調整」と呼んだ。そして，徹底した分業化と職務範囲の明確化とに基づき，トップダウン方式で意思決定が行われる「ヒエラルキー的調整」と対比した。「水平的調整」は日本企業をモデル化したものであり，「ヒエラルキー的調整」は伝統的なアメリカ企業をモデル化したものである。伊丹[1987]は，情報が共有され，付加価値の分配（報酬）が比較的平等で，意思決定権限の委譲の度合いが高い日本企業のあり方を「分散シェアリング」と呼んだ。そして，アメリカ企業に多く見られる「一元的シェアリング」と対比した。「一元的シェアリング」とは，情報をもった人間が，意思決定の権限を占有し，付加価値の分配を集中して受け取る（従って報酬格差が大きい），企業のあり方である。
8)　厚生労働省[2006] p.222。
9)　非正規従業員の割合の増加は，正規従業員の雇用維持という企業方針の結果であるとも言える。アメリカのように正規従業員を比較的簡単に解雇できるのであれば，正規従業員を非正規従業員によって置き換える必要は，あまり大きくはない。荒木[2004]注33（p.146）を参照。実際，大橋・中村[2004] p.123によれば，日本，アメリカ，ドイツ，イギリスの先進4ヵ国について，非正規従業員の割合は正規従業員の雇用調整の早さと反比例している。日本やヨーロッパ諸国など相対的に正規従業員の雇用調整が遅い国では非正規従業員の割合が高く，アメリカのように雇用調整が早い国では割合が低い。
10)　厚生労働省[2006] p.225。

11) 以下の四つのパラグラフについては，伊丹・加護野[1996] pp.830-831, 宮本[1997] pp.95-98が参考になった。
12) こうした解釈については，飯田[1998] pp.166-171も参照。
13) 厚生労働省[2002] pp.140-145では，平成不況下で希望退職者の募集や解雇が増加したことが，コーポレート・ガバナンス（企業統治）の変化によるものか否かを，検討している。すなわち，1998年以降の直接的な人員削減の増加が，株主の影響力が強まることによって企業が長期的な安定よりも短期的利潤を追求するようになったために生じたのか否かを，検討している。同書は，アンケート調査に基づき，次のように結論する。「現段階では，企業のコーポレートガバナンスや雇用戦略の変化が，直接的な人員削減増加の大きな要因になったという明白なデータはない」。そして，直接的な人員削減の増加は，主として不況の長期化やそれに伴う雇用過剰感の高まりによるものである可能性が高い，と論じる。ただし，「将来的には，コーポレートガバナンスの変化が雇用情勢に影響を与えるようになることは十分考えられる」と付言している。
14) 藤本[2003] p.54。
15) 藤本[2003] pp.54-55。藤本は，「進化能力」について，他にも，さまざまな表現で，その説明を試みている。例えば，それは「失敗から学ぶ，意図した成功から体系的に学ぶ，意図せざる成功から学ぶ，他者の成功から学ぶなど，あらゆる機会から学習する能力」（藤本[2003] p.55）である。
16) 藤本[2003] p.52。
17) 藤本[2003] p.198。
18) 藤本[2004] p.76。
19) 藤本[2004] p.76。
20) 藤本は，トヨタから「広く，深く学ぶ」ことが重要である，と言う。詳しくは，藤本[2004] pp.76-79を参照。
21) 新原[2003]の内容に関しては，第5章第5節も参照。また，新原が選び出した優秀企業約30社に，例えばどのような企業が含まれるかについても，第5章第5節を参照。
22) 新原[2003] p.222。
23) 新原[2003] p.224。
24) 新原[2003] p.222。
25) 新原[2003] pp.237-238。
26) 新原[2003] pp.227-229。
27) 以下の二つのパラグラフは，新原[2003] pp.224-227による。
28) 新原[2003] pp.244-246。
29) 新原によれば，キヤノンの御手洗富士夫社長（現会長）は，長期雇用慣行の意義として，次の三点を挙げている。「第一は，終身雇用によって運命共同体が

できること。第二は，独自技術の研究開発には10年あるいは15年と長い年数を要するわけで，生活の不安や雇用不安なくじっくりと取り組めることが特許権を生む原動力となること。第三は，企業秘密の維持の問題で，会社を大切に思う精神こそがセキュリティーの一番大きな錠前であることである」（新原[2003] pp.245-246）。

30) 新原[2003] pp.231-234。
31) 以下の二つのパラグラフは，松原[2005]第6章による。
32) 松原[2005] p.134。
33) 佐藤・玄田編[2003] p.135。
34) こうした成長力をもつ企業は「ガゼル」（本来の意味は砂漠地帯に住む哺乳類）と呼ばれる。佐藤・玄田編[2003] pp.3-6参照。
35) 沼上[2003]は，長期雇用慣行を前提として，日本の組織が陥りがちな腐敗のプロセスを種々論じるとともに，そうした腐敗を防ぐための基本的な指針を提言している。また，沼上[2004]も参照。沼上・軽部・加藤・田中・島本[2007]は，同様の問題意識からの実証分析である。

## 第4章

# 年功賃金制の意義と成果主義の普及

　年功賃金制は，長期雇用慣行を補完し，その機能を高める重要な役割を果たしてきた。しかし，平成不況が深刻の度を深めるなか，年功賃金制は，その維持が困難になった。景気の低迷と従業員の高齢化とによる人件費負担の増大に，日本企業は耐えられなくなったのである。また，年功賃金制は，その平等な処遇が，従業員の向上心や勤労意欲の妨げになっている，という批判にも晒された。そして，1990年代後半から，年功賃金制に代わって，成果主義という新たな賃金制度の導入が進められ，急速に日本企業に広まることになる。成果主義とは，従業員が達成した成果（実績）に応じて賃金を決める制度である。成果主義の下では，従業員間の賃金格差が大きくなり，賃金の年功的要素が弱まる。企業にとっては，人件費負担の抑制につながる。また，勤続年数ではなく，成果に応じて賃金を決める成果主義には，従業員の向上心や勤労意欲を高めるねらいもある。しかし，成果主義は必ずしもうまく機能しているとは言えない。個々の従業員の成果を客観的に評価することが難しい等，成果主義は，問題点の多い制度なのである。

　従来の年功賃金制は維持できない。しかし，新に導入した成果主義は問題点が多い。それでは，賃金制度をどのような方向に改革すべきなのだろうか。そこには，どのような課題があるであろうか。

　本章では，まず第1節において，年功賃金制の意義を論じる。90年代以降，年功賃金制の安易な否定論が横行しているが，年功賃金制（と呼ばれてきたもの）は，さまざまな長所をもった制度的工夫であり，その意義を確認しておく

ことは，これからの賃金制度を構想するためにも，是非必要である。第2節では，成果主義とはどのような賃金制度か，成果主義がなぜ普及したのか，成果主義は賃金構造にどのような影響を与えたか，成果主義の評判はどうか，などを論じる。第3節では，成果主義の問題点を詳しく検討する。第4節では，賃金制度をどう改革すべきか，基本的な考え方を述べる。第5節では，結びに代えて，成果主義は創造的な仕事への意欲を挫くであろう，という問題を通じて，年功賃金制の意義について，さらに考察を加えたい。

## 1．年功賃金制の意義

　年功賃金制とは，年齢や勤続年数が増えるに従って賃金が上昇する，賃金制度である。図4－1に示されているように，欧米においても賃金に年功的な側面を見ることができるが，欧米と比較したとき，日本企業の賃金制度は，年功的な傾向がより強い[1]。

　同期入社の従業員たちの賃金が，勤続という要因によって同じように上昇する。若いときには賃金が低くとも，年齢とともに，誰しも賃金が上昇してゆく。こうした従業員たちを平等に扱う年功賃金制には，いくつもの利点がある。それは，従業員の能力や成果を賃金と強く結び付けようとした場合，いかなる弊害が生じるかを考えるとき，よく理解される。

　個々の従業員の仕事上の能力に応じて賃金を支払う制度を，能力主義賃金制度と言う。また，個々の従業員の仕事上の成果に応じて賃金を支払う制度を，成果主義賃金制度と言う[2]。能力主義賃金制度にも，成果主義賃金制度にも，おおよそ同様に当てはまる次のような弊害がある。

　第一に，能力や成果の客観的な評価が難しい。能力主義や成果主義の賃金制度を行うためには，従業員一人ひとりの能力や成果（会社への貢献度）を明確に評価しなければならないが，これを従業員の誰もが納得するように行うことは，実際上きわめて難しい。したがって，能力主義や成果主義の賃金制度を採用するならば，企業内に不平不満が高まり，従業員の企業への忠誠心（愛社精

## 図 4-1 賃金年功度の国際比較

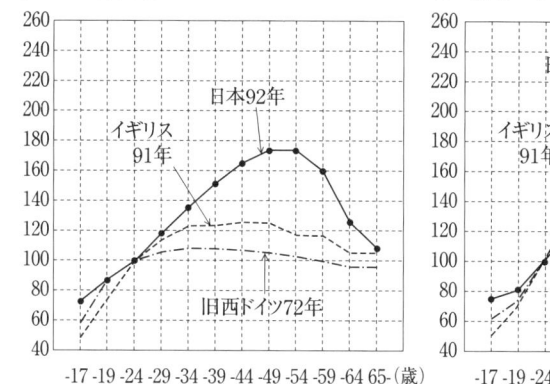

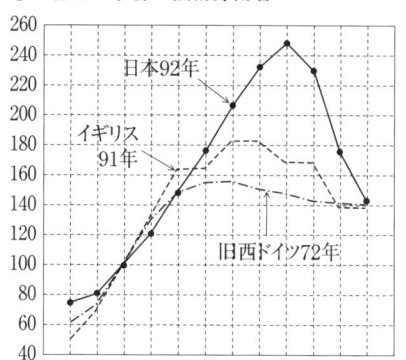

① 生産労働者

② 管理・事務・技術労働者

(注1) 労働省「賃金構造基本統計調査」、イギリス雇用省「Eew Earnings Suvey」、EC「Structure of Earning in Industry」(1972年) により作成。
(注2) 日本は20～24歳を100、イギリス、旧西ドイツは21～24歳を100とした指数。
(注3) 日本は製造業男子の所定内給与、イギリスは全産業男子フルタイム労働者の週当たり実収賃金。旧西ドイツは製造業男子の実収賃金で、生産労働者については時間当たりベース、管理・事務・技術労働者については月当たりベース。
(注4) イギリスの年齢階級は、18歳未満、18～20歳、21～24歳、25～29歳、30～39歳、40～49歳、60～64歳。旧西ドイツの24歳以下の年齢階級は、18歳未満、18～20歳、21～24歳。
(出所) 経済企画庁 [1994] 第3-2-5図。

神) や協調性 (チームワーク) を損なう。

　第二に、従業員の利己的な行動を助長する。能力評価や成果評価に応じて大きな賃金格差が付くようになると、従業員間の競争があまりにも激しくなり、同僚への非協力、足の引っ張り合い、はては (こっそりと) ルール違反をしても他者を出し抜こうとする、などの行動に走るようになる。従業員間に競争は必要であるが、このように、行き過ぎた競争は、従業員間の協調性を破壊する。

　第三に、能力主義の下では目に見えやすい能力を、成果主義の下ではすぐに成果が出る仕事や成果が目に見えやすい仕事を、従業員が偏重する。能力主義はもっぱら評価しやすい能力に、成果主義はもっぱら評価しやすい成果に、従業員の関心を向かわせるのである。そして、目に見えにくい能力や、成果が出るまでに時間がかかる仕事や、成果が目に見えにくい仕事は、ないがしろにさ

れる。しかしながら，言うまでもなく，企業において，目に見えにくい能力や，長期的な視野での仕事や，目立たないけれども縁の下の力持ちのような仕事も，たいへん重要なのである[3]。

　第四に，従業員間の所得格差が大きくなり，低い賃金，低い生活水準で我慢しなければならない従業員が増える。また，今年高い成果を挙げた従業員が，来年も同じように高い成果を挙げられる保障はなく，従業員の年々の所得の変動が大きくなる。つまり，従業員の生活が不安定化する。そして，長期的な生活設計を立て難くなる。ただし，能力の評価は，評価の仕方にもよるが，前年と今年とで，そう大きく異ならないであろう。とすれば，年々の所得変動が大きくなるという問題は，とくに成果主義賃金制度に，当てはまる。

　このような能力主義や成果主義の賃金制度とは逆に，年功賃金制度には，以下のような利点がある。

　第一に，企業内の平等性を保つことによって，企業内の一体感を醸成し，従業員の企業への忠誠心や協調性を引き出すのに役立つ[4]。ただし，能力や成果が平均以上に高いと自己評価する従業員が，年功賃金の平等性に不満をもつ，という問題は残る。

　第二に，周囲への協力が，自分への評価に不利に働き，自分の地位を脅かしたり，自分の賃金を低下させたりすることがない。むしろ，周囲への協力は，企業の発展に役立ち，企業の発展は，自分の将来所得を高める。従って，従業員の協調的な行動を促進する。

　第三に，目に見えやすい能力や，短期的な成果や，目に見えやすい成果が過度に尊重されることなく，目に見えにくい能力の形成や，長期的な視野での仕事や，成果が目に見えにくい仕事にも，従業員が，腰を据えて取り組むことができる。

　第四に，（生涯所得で考えたとき）従業員間の賃金格差が小さく，また長期的な所得の見通しに不確実性が少ないので，従業員の生活が安定化し，将来の生活設計も立て易くなる[5]。

年功賃金制には，以上のような利点があるが，その一方で，能力や成果の如何に拘わらず，誰しも等しく賃金が上がるのであれば，勤労意欲や職業上の向上心が失われる，という欠点がある。この問題に対して，日本企業では，個々の従業員の勤務態度や職業能力を査定（人事考課）し，これに基づき，従業員間の賃金カーブ上昇の程度に差を付ける，というやり方で対処してきた。これは，若いうちはほとんど差が付かず，年齢が高くなるにしたがって，徐々に差が大きくなる，という具合に行われる。そして，こうした賃金面での格差とともに，社内での地位の格差も発生する。実際，日本企業のなかでは，激しい出世競争が行われていることは，よく知られている。この競争は，入社後，長期にわたって続くのである。このように日本企業には，従業員間に競争原理が組み込まれていて，勤労意欲の刺激や能力形成の促進を図っている[6]。

　日本企業において，完全な形で年功賃金制が行われてきたわけではなく，賃金の決め方に，勤務態度や職業能力の評価も加味されてきたのである。日本の年功賃金制と呼ばれてきたものは，正確には，能力主義の要素が加味された年功制である[7]。それはまた，（勤続年数に基づく）平等主義と能力主義との組み合わせ[8]，と言うことができる。

　これまでの説明から理解されるように，平等主義と能力主義とを組み合わせているのは，双方の短所を抑え，双方の長所を発揮させる，ことを意図している。平等主義の欠陥，すなわち勤労意欲や職業上の向上心を刺激しないという欠陥に対しては，能力主義の要素を加味して，これを抑え，能力主義の先に述べたような欠陥に対しては，平等主義の要素を加えて，これを抑え，なるべく平等主義と能力主義の長所のみを発揮させようとする，制度的な工夫である。平等主義と能力主義との間でバランスを取ろうと，意図している。

　手短に言えば，日本の年功賃金制とは，従業員の「やる気」を刺激する程度には彼らの間に差を付け，しかし，組織としてのまとまり，チームワークを損なわない程度には平等性を確保する，という微妙な配慮に基づく制度なのである[9]。

さらに、年功賃金制に関して、次の三つの点を述べておきたい。

一つは、年功賃金制には、長期雇用の傾向を強める働きがある。年功賃金制は、長く勤めるほど賃金が上がるので、従業員の企業への定着を促す[10]。

二つは、年功賃金制は、職場ローテーションや柔軟な職務編成（第3章第1節参照）を、円滑に行うことを可能にしている[11]。年功賃金制は、賃金を職務に結び付けていないので、職務が変わっても賃金は変わらない。従って、職務の変更を、柔軟に行うことができる。これに対して、欧米に見られるような職務給（職務に応じた賃金）の場合、職務が変われば賃金も変わる。従って、職場ローテーションや柔軟な職務編成には適さない。

三つは、年功賃金制の下では、企業が成長すればするほど、従業員の将来所得の期待値が高まるので、企業成長への誘因が働く。

## 2．成果主義の普及

平成不況が続くなか、1990年代後半から、成果主義賃金制度の導入が進むようになり、近年では、広範な普及をみている。ただし、成果主義がどの程度普及しているかを、正確に捉えることは難しい。成果主義をどのような形で、どの程度取り入れているかは、企業ごとにさまざまだからである。なかには、表向きは「成果主義」でも、運用は年功的、という企業もある[12]。ともあれ、厚生労働省の「就労条件総合調査」（平成16年）によれば、大企業では、何らかの形で成果主義を採用していると見られる企業が8割に達し、全体でも、そうした企業は5割に達している（表4-1参照）。

### 成果主義とは

成果主義賃金制度については前節でも言及したが、近年普及している成果主義について、あらためて説明しておきたい[13]。

まず第一に、成果主義は、どれだけ製品を売ったか、どれだけ新規契約を獲得したか、どれだけ製品の性能を向上させたかなど、従業員が達成した成果に

表4-1　個人業績を賃金に反映させている企業の割合

(単位：％)

| 全体 | 企業規模 | | | |
|---|---|---|---|---|
| | 1,000人以上 | 300〜999人 | 100〜299人 | 30〜99人 |
| 53.2 | 83.4 | 73.6 | 62.5 | 47.4 |

(出所)　厚生労働省「就労条件総合調査」(平成16年)。

応じて賃金を決める賃金制度である。

　第二に，1年，半年という短期間の成果を評価し，その評価に基づいて，賃金を決める。

　第三に，個人評価（成果の評価）と賃金とのリンクを強めた。これによって，従来の年功賃金制より，同期入社の従業員間で，賃金に大きな差がつくようになった。前節で述べたように，従来の年功賃金制には，実は能力主義の要素が加味されており，個人評価（能力の違い）に応じて，賃金に差がついた。しかし，その差は，同期入社の従業員間では，一定の範囲内に抑えられるように配慮されていた。つまり，年功的な賃金上昇をベースとして，一定の能力評価を加味したのである。これに対して，近年の成果主義においては，個人評価（成果の評価）が賃金に大きく反映され，賃金の年功的要素が弱められるとともに，賃金格差が従来より大きなものになった。

　この賃金の年功的な要素が弱まったという点については，成果主義と能力主義との考え方の違いによる面もある[14]。従来の年功賃金制に加味されていた能力主義において，「能力」とは，その人がもつ職業上の経験や知識や技術のことである。一般に，こうした「能力」は，個人差はあるが，年齢とともに徐々に向上するものであり，また年ごとにそれほど大きく変動しない。つまり，能力主義それ自体に，勤続年数に応じて賃金が高まるという年功的な側面がある。こうした点は，年功賃金制に一定の根拠を与え，年功賃金制が広く受け入れられた理由の一つでもあった。従来の年功賃金制の下において，同期入社の従業員間であまり大きな賃金格差が生じなかったのは，加味された能力主義の

こうした性格による面がある。

これに対して，成果主義は，その人が保有する能力ではなく，その人が上げた成果を評価する。成果が上がれば，賃金は前年より上昇するが，成果が上がらなければ，賃金は前年より上昇しないか，下回るかもしれない。成果は能力より，毎年の変動が大きい。成果主義の下においては，個々の従業員が受け取る賃金額の不確実性が高まり，賃金の年功的側面は弱くなる。

### なぜ成果主義は普及したのか

成果主義が，なぜ急速に普及するようになったのであろうか。それは，まず第一に，これまでのような年功賃金制の維持が難しくなったからである。では，なぜ年功賃金制の維持が難しくなったのか。それは，年功賃金制の下では，企業は中高年の従業員に高い賃金を支払わなければならないが，それが，次の二つの理由により，困難になってきたからである。

一つは，経済成長率の低下である。経済成長率の低下によって，企業業績が伸び悩み，中高年の高い賃金が払えなくなってきた。もう一つは，従業員の高齢化である。賃金が高い中高年が増えることによって，人件費負担が企業に重くのしかかってきた。

成果主義を導入すれば，賃金の年功的側面を弱めて，中高年の賃金水準の上昇を抑制することができる。つまり，人件費を抑制する手段として，成果主義が利用されたのである。

また，成果主義が導入されるようになった背景には，IT化とグローバル化が経済環境の変化を早めているという問題があることも，指摘されている[15]。IT化による技術の変化，グローバル化による市場環境の変化が，ビジネスモデルを変化させる。こうした経済環境の大きな変化が起きると，従来の経験や知識や技術が役に立たなくなる。そうであれば，年功賃金制では，従業員の能力や成果と賃金とのギャップが大きくなり過ぎる。このギャップを縮めるために，成果主義が導入された。経済環境が大きく変化するとき，新しい経済環境

において力を発揮できる人材に，年齢にかかわらず，より高い賃金を支払う必要がある。それは，そうした人材を企業外部から確保するためにも，あるいは企業外部への流出を防ぐためにも必要である。

さらに，成果主義が採用されるようになった要因には，従業員の「やる気」を高めるという経営側の意図がある。従業員の成果（企業への貢献度）を厳しく問い，成果に応じた賃金格差を大きくすることによって，従業員の「やる気」を高め，企業業績の向上につなげよう，というのである。こうした意図がすんなり実現するものであるかどうかは大いに疑問であるが，それは次節で検討する。経営者は，たとえ成果主義導入のねらいが人件費の抑制にあるとしても，通常それを表立って言うことは控えるであろう。多くの経営者は，成果主義を導入するさい，従業員のモチベーションを高めるという目的を強調する[16]。

### 成果主義の賃金構造への影響

成果主義の賃金構造への影響を，統計資料によって見ておこう。

図4-2は，標準労働者（新規学卒で採用された後，同一企業に勤続する労働者）の賃金カーブである[17]。図から，賃金カーブのフラット化（傾斜が緩やかになること）が，成果主義の導入以前（1995年以前）から生じていることが分かる。経済成長率の鈍化や従業員の高齢化による人件費負担の高まりを，賃金カーブのフラット化（賃金の年功的上昇の抑制）によって抑えることは，成果主義の導入以前から，行われてきたのである。この傾向は，成果主義の導入以後（1995年以後）は，45歳以上の年齢層において継続する。ただし，45歳以下の年齢層では生じていない。1995年以降，40歳台半ばまでは，賃金カーブのフラット化に歯止めが掛かっている。

成果主義の影響は，とくにどういう階層に出ているのであろうか[18]。図4-3は，年齢階級別，学歴別にみた標準労働者の十分位分散係数である。十分位分散係数とは，賃金の高い労働者と低い労働者との賃金水準の格差を指標化し

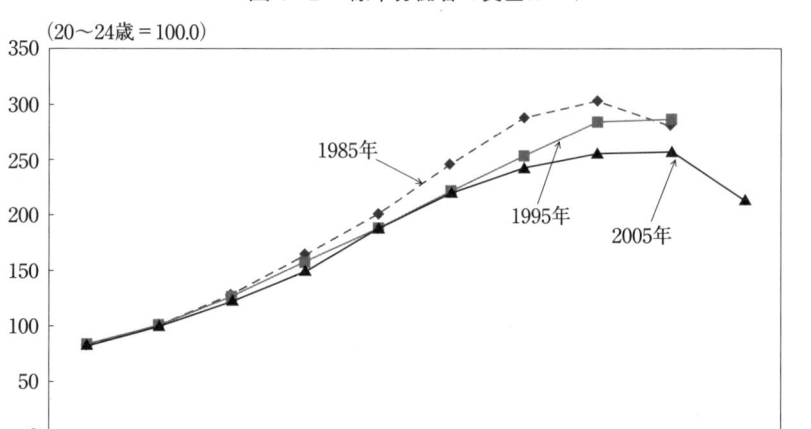

図 4-2　標準労働者の賃金カーブ

(注1) 数値は，産業計の男子労働者によるもの。
(注2) 中卒，高卒，高専・短大卒，大卒をそれぞれのウェートで合算し学歴計としたもの。
(出所) 厚生労働省[2006]第3-(3)-8図。原資料は，厚生労働省「賃金構造基本統計調査」，これをもとに厚生労働省労働政策担当参事官室が推計。

たものである。図から，大卒労働者の賃金格差が拡大していることが分かる。また，図4-4は，同じ指標を用いて職種別に見たものであるが，管理・事務・技術労働者で，賃金格差が拡大している。

　成果主義の影響は，大学卒業者において，また管理・事務・技術労働者などのホワイトカラー層において，顕著であると見られる。

### 成果主義はうまくいっているか

　多くの日本企業が成果主義を採用するようになったのであるが，その結果はどうだったのであろうか。近年の各種のアンケート調査は，成果主義が必ずしもうまく機能しているとは言えないことを教えてくれる。

　例えば，前出「就労条件総合調査」によれば，業績評価制度がある企業のうち，「うまくいっている」とする企業は15.9%であり，「うまくいっているが一部手直しが必要」とする企業は45.3%，「改善すべき点がかなりある」とする

第4章　年功賃金制の意義と成果主義の普及　83

図4-3　標準労働者の賃金格差（学歴別）

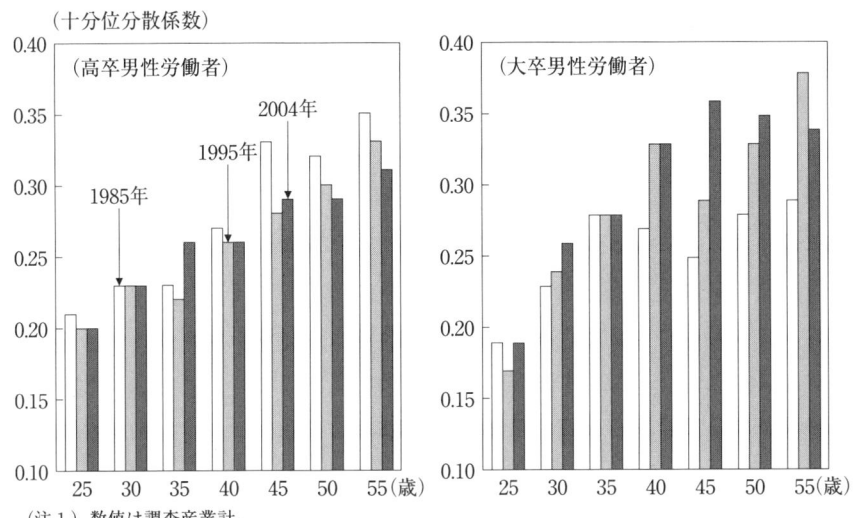

(十分位分散係数)

（高卒男性労働者）　1985年　1995年　2004年

（大卒男性労働者）

(注1) 数値は調査産業計。
(注2) 十分位分散係数＝（第9十分位数－第1十分位数）÷中位数÷2
(出所) 厚生労働省[2006]第3-(3)-9図。原資料は，厚生労働省「賃金構造基本統計調査」。

図4-4　標準労働者の賃金格差（職種別）

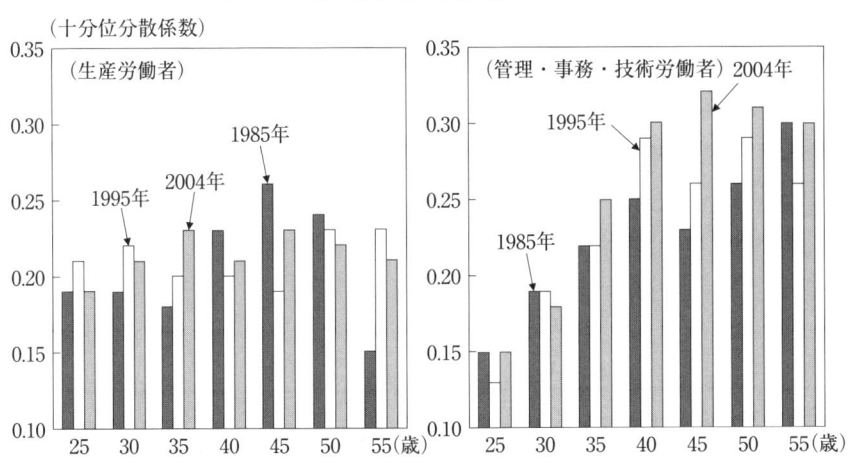

(十分位分散係数)

（生産労働者）　1995年　2004年　1985年

（管理・事務・技術労働者）2004年　1995年　1985年

(注1) 数値は，製造業の男子労働者によるもの。
(注2) 生産労働者は高卒，管理・事務・技術労働者は大卒。
(注3) 十分位分散係数については，前図の（注2）を参照。
(出所) 厚生労働省[2006]第3-(3)-10図。原資料は，厚生労働省「賃金構造基本統計調査」。

表4-2　業績評価制度に対する評価

(単位：％)

| 評　　価 | 割　合 |
|---|---|
| うまくいっている | 15.9 |
| うまくいっているが一部手直しが必要 | 45.3 |
| 改善すべき点がかなりある | 30.4 |
| うまくいっていない | 0.9 |
| はっきりわからない | 7.1 |
| 不明 | 0.3 |

(注)　業績評価制度がある企業＝100とした割合。
(出所)　厚生労働省「就労条件総合調査」(平成16年)。

企業は30.4％である（表4-2参照）。

　この結果をどう評価するかは，見方によるであろう。「一部手直しが必要」とする企業を含めて「うまくいっている」とする企業が6割に達するのであるから，成果主義は，なんとか役割を果たしているとみることもできる。しかし，「一部手直しが必要」とする企業を含めて何らかの改善点が認められる企業が75％に達するのであるから，成果主義には，課題が多いとみることもできる。ともあれ，成果主義は，必ずしもうまく機能しているとは言えないのである。

## 3．成果主義の問題点

　成果主義は，必ずしもうまく機能しているとは言えない。それでは，成果主義には，どういう問題点があるのだろうか。成果主義の弊害について第1節でも論じたが，本節では，さらに詳しく成果主義の問題点を考える[19]。

### 成果を評価することの難しさ

　成果主義が抱える大きな難点は，仕事の成果を評価する難しさ，である。セールスのように，成果を測定しやすい仕事は，限られている。会社内の多くの仕事は，成果を客観的に評価すること，すなわち会社内の誰もが納得するような公平な評価をすることが，容易ではない。例えば，会社内の多くの仕事は

集団作業で行われるが，その場合に従業員一人ひとりの成果を，客観的に評価することは，一般に簡単ではないだろう。あるいは，総務，人事，経理，など，直接顧客に対して商品を売るわけではない仕事の成果を，いかにして公平に評価できるだろうか。

たったいま「セールスのように，成果を測定しやすい仕事」と述べたが，実は，セールスのような仕事でも，必ずしも成果の評価は簡単ではない。例えば，自社の製品が強い競争力をもつ地域を担当する営業マンAと，ライバル企業がとくに力を入れている等，何らかの理由で，自社の製品があまり競争力をもたない地域を担当する営業マンBとがいたとしよう。そして，営業マンAは，さほどの努力なしに1億円を売り上げ，営業マンBは，たいへんな苦労をして，なんとか5千万円を売り上げたとしよう。この場合，売上高という成果に応じて報酬を支払えば，営業マンAは，営業マンBの2倍の報酬を受け取ることになるが，しかし，これは公平な報酬とは言えないであろう。営業マンBの納得を得られるとは思われない。それでは，どのようにこの二人の営業マンに報酬を支払えば，公平なのか。簡単に答えは出ないであろう。

成果主義は，仕事の成果の評価に基づいて，賃金を決める制度である。成果の評価が，客観的に，公平にできなければ，この制度は，その土台から崩れることになる。

### 絶対評価の弊害と相対評価の弊害

また，評価の方法として，絶対評価と相対評価とがあるが，どちらにも欠点がある。

絶対評価の場合，大部分の従業員が高評価を得るという「評価のインフレ」が起こる[20]。なぜならば，評価をする上司が，部下に甘い点を付ける傾向があるからである。上司としては，自分の部下に高い評価を与えたいと思うのが人情だろう。また，部下に恨まれたくないという気持もあるだろう。そして，後々の仕事を進め易くするためにも，部下との関係を良くしておくことが得策

である。さらに，部下への高評価は，自分の部署の成果をアピールすることであり，上司自身への高評価につながる。こうして「評価のインフレ」が起こる。絶対評価の下では，評価に差を付けるという成果主義の目的を果たせないのである。

一方，「評価のインフレ」を防ぐためには，相対評価にすればよい[21]。しかし，相対評価にした場合，誰もが高評価を得るというわけにはいかない。評価の差がはっきりと付く。そこで，従業員の不満が高まる。先に述べたように「仕事の成果」を客観的に評価することは難しい。そうであるのに，無理に評価に差を付けるならば，必然的に不満が噴出する。「同僚の誰それより自分への評価が低いのは納得がいかない」という不満が，あちらこちらから出てくることになる。また，相対評価は，従業員間に利害対立を引き起こす。誰かの高評価が，誰かの低評価につながるからである。したがって，従業員間の非協力や足の引っ張り合いが生じる。相対評価は，従業員間の競争意識を高めるかもしれないが，会社内の信頼関係，チームワークを破壊する。結果として，会社の業績に悪影響を及ぼす，ということになる。

### 目標管理制度の欠陥

成果主義の具体的な手法として，目標管理制度が広く採用された。目標管理制度とは，期初に従業員は上司と面談し，個人目標を決め，期末に上司がその達成度を評価し，その評価結果を，給与やボーナスに反映させる，というものである。しかし，目標管理制度には，さまざまな欠陥がある。

まず，城［2005］が論じているように，目標管理制度がうまく機能するためには，いくつかの前提がある[22]。一つには，「目標を数値化できる」ことが必要である。数値化しなければ，目標の達成度を客観的に捉えることができないからである。二つには，「目標のハードルが同じ高さ」であることが必要である。ある人の目標が簡単で，他の人の目標は難しい，というのでは公平さを欠く。評価が公平であるためには，目標の難易度が同じでなければならない。三

つには，「常に目標が現状にマッチしている」ことが必要である。従って，状況の変化に応じてたえず目標を変えなければならない。

しかし，これらの前提は，実際には成立しがたい。まず，会社内の大部分の仕事は，数値化にはなじまない。だからこそ，先に論じたように，成果の客観的な評価が難しいのである。また，仕事の内容がさまざまである以上，ハードルを同じ高さに揃えることも，実際上は困難である。そして，仕事を取り巻く環境は常に変化しており，1年先，半年先の目標設定は，変化への対応を困難にする。しかし，状況の変化に合わせてたびたび目標を変更することは，現実には難しい。

このように目標管理制度は，それがうまく機能するための前提が成立しがたい，という著しい困難を抱えた制度なのである。

また，目標管理制度には，次のような問題もある[23]。

(1) 達成しやすい目標を設定し，意欲的な目標に挑戦しなくなる。その方が高評価を得やすいからである[24]。
(2) (1)と関連するが，短期の成果が問われるので，長期的な目標が等閑にされるようになる。

こうして，目標管理制度は，その意図に反して，会社の成長を損なう，という結果をもたらしかねないのである。

また，目標管理制度の下で，安易な目標設定が横行すると，高い水準で目標を達成する従業員が続出する[25]。そうした状況において，絶対評価をすれば，多くの従業員が高評価を得ることになる。すなわち，評価に差が付かないという絶対評価の弊害が起こる。そもそも評価に差を付けるために成果主義を導入したのに，その目的に反する。以前の年功賃金制と同じように，評価にあまり差が付かないのであれば，何のために成果主義を導入したのか，ということになる。

そこで，評価に差を付けるため，無理にでも，相対評価を行うと，今度は，多くの従業員が，目標を達成したのに高評価が得られない，という事態になる。

こうした従業員は，当然，大きな不満を抱く。すなわち，相対評価の弊害が起こる。

目標管理制度は，「達成度だけで絶対評価する」ことが，建て前である。従業員は，目標を高水準で達成すれば，当然，高評価を得られると考える。従って，目標を高水準で達成した割には評価が芳しくないという事態は，従業員にとっては，上司（あるいは会社）の裏切り行為以外の何物でもなく，仕事への意欲を著しく損なう。成果主義は，従業員の「やる気」を高めるために導入された筈であるのに，却って，「やる気」を殺いでしまう結果になりかねないのである。

### 管理職の能力と評価システムの問題

成果主義においては，成果の評価が適切であることが，何より重要である。そこで，評価を行う管理職の役割が，これまで以上に大切になる。しかし，管理職の評価者としての能力が十分ではない，という問題が指摘されている。前出「就労条件総合調査」でも，評価側の課題として，50.5％の企業が「評価者の訓練が充分にできていない」と回答している（表4-3参照）。今後，成果主義の成否にとって，管理職に就く人間の評価者としての能力を如何に高めるかは，重要な課題である。

また，次のような評価システム上の問題がある[26]。企業によっては，各部門の管理職が行う評価が最終評価ではなく，それを部門間で調整する。例えば，部門Aでは高評価の従業員が多く，部門Bでは高評価の従業員が少ない場合，部門Aの高評価の従業員を減らし，部門Bの高評価の従業員を増やす，というような最終評価段階での調整を行う。各部門の管理職が集まる全体的な場で，これを行うのである。部門間の評価の偏りをなくすために，こうした調整が必要な場合もあるかもしれない。しかし，問題は，従業員の働きぶりを直接見ている上司以外の人間（全体的な調整の場の長や他部門の管理職）が，評価に口出しすることである。ほとんど会話もしたことがないような人々の判断によっ

て，評価が左右されてしまう。こうした評価システムが，どれだけ公平性，適切性を保てるだろうか。また，従業員の納得を得られるだろうか。

### アンケート調査にみる成果主義の課題と問題点

成果主義を導入した多くの企業で，これまで論じてきたような問題点が発生していることは，さまざまなアンケート調査から知ることができる。前出「就労条件総合調査」でも，業績評価制度がある企業に対して，評価側の課題と評価の問題点を聞いている。ここでは，表4-3に，その結果を引用する。

### 高橋伸夫『虚妄の成果主義』の主張

これまで述べてきたように，成果主義には，さまざま問題点が指摘されてい

表4-3 業績評価制度の評価側の課題及び評価の問題点

① 評価側の課題

(単位：%)

| 課題 | 割合 |
|---|---|
| 評価に手間や時間がかかる | 24.5 |
| 評価者の訓練が充分にできていない | 50.5 |
| 仕事がチームワークによるため，個人の評価がしづらい | 19.0 |
| 部門間の評価基準の調整が難しい | 54.5 |
| 格差がつけにくく中位の評価が多くなる | 36.3 |
| 無回答 | 5.1 |

② 評価の問題点

(単位：%)

| 問題点 | 割合 |
|---|---|
| 評価システムに対して労働者の納得が得られない | 16.8 |
| 評価結果に対する本人の納得が得られない | 31.4 |
| 評価によって勤労意欲の低下を招く | 23.8 |
| 職場の雰囲気が悪化する | 5.9 |
| 個人業績を重視するため，グループやチームの作業に支障がでる | 14.5 |
| 無回答 | 34.3 |

(注1) 業績評価制度がある企業＝100とした割合。
(注2) 三つまでの複数回答。
(出所) 厚生労働省「就労条件総合調査」(平成16年)。

るのであるが，こうしたなか，高橋［2004］は，注目すべき議論を展開している。高橋は，成果主義に対して根本的な批判を加えると同時に，「日本型年功制」の長所を強調している。

高橋によれば，成果主義は必ず失敗する，なぜならば，金銭的報酬が勤労意欲を刺激するという考え方自体が「科学的根拠のない迷信」[27]に過ぎないからである。給与は職務への不満足をもたらす要因（これは「衛生要因」と呼ばれる）ではあるが，しかし，仕事に対して積極的に動機づける要因でない[28]。むしろ，金銭的報酬は勤労意欲を損なう面がある，と主張する[29]。

高橋が依拠するのは，デシ（Deci, E.L.）によって提唱された「内発的動機づけの理論」である。その活動それ自体が目的となって従事しているような活動を「内発的に動機づけられた活動」と呼ぶのであるが，高橋は，「日本型年功制」の意義を，「内発的動機づけの理論」によって基礎づける。

高橋によれば，「日本型年功制」とは，「給料で報いるシステムではなく，次の仕事の内容で報いるシステム」[30]なのである。有望な人材には，やりがいのある重要な仕事を割り当てる。給料の差より，仕事内容の差が，早くつく。そういう人事システムである。これはまさに，仕事の内容による動議づけを重視する「内発的動機づけの理論」に合致したやり方である，と言う。また，年功賃金制という給与システムは，仕事への動機づけというより，従業員の生活保障を目的としている。従業員が生活の不安を感じることなく，仕事に集中できる環境を作り出すことが，年功賃金制の意義である，と言う[31]。

高橋は，次の仕事の内容で報いる日本型システムは，「人を育てる」ことに適合している，と主張する[32]。人は，仕事を通じて育つからだ。「日本型年功制」は，人材育成のためのシステムなのである。人材育成がうまくいって，はじめて会社は真に成長する。高橋は，10年後，20年後の未来を見据えた経営が，日本企業の長所である，と説く。高橋が呼ぶところの「未来傾斜原理」に則った経営が行われてきたのが，日本企業だというのである[33]。これに対して，成果主義は，視野が短期的であり，目先の利益やその場限りの業績改善にしか

興味を示さず，人材育成に害を及ぼす。それゆえ，成果主義の下において会社の成長は望めない，と高橋は強調する。

## 4．賃金制度の課題

　前節でみたように，成果主義は，難点の多い賃金制度である。成果主義によって従業員の競争心や働く意欲を高め，企業業績の向上につなげる，という経営側の（多分に表向きの）目的が，ねらい通り実現しているとは言えない。成果主義の導入によって，企業業績がさらに低迷したとか，企業内が混乱したとか，という日本企業の話は沢山ある。しかし，成果主義が功を奏して，売上高を大きくのばし，企業業績を顕著に向上させた，つまり成果主義が大きな「成果」を上げた，という日本企業の話は寡聞にして聞かない。

　年功賃金制は，長期雇用慣行を補完し，その機能を高める賃金制度として，重要な役割を果たしてきた。長期雇用慣行と年功賃金制とは，従業員たちに，生活の安定を与えた。また，長期雇用慣行と年功賃金制の下で，従業員たちは，企業への忠誠心を高め，時間を掛けて技能形成に励み，長期的な視野での仕事や成果が目に見えにくい仕事にも精を出してきた。また，企業内に一体感が醸成され，これを基盤として従業員間に協調性や信頼関係が形成された。成果主義は，長期雇用慣行と年功賃金制とが生み出してきた，こうした良さを危うくする。

　しかし，年功賃金制には，人件費負担が大きい，高コストであるという問題点がある。経済成長率の低下，従業員の高齢化という経済環境の変化のなかで，高コストの年功賃金制の維持が難しくなった。これに対し，成果主義には，人件費を抑制できるという，経営側にとってのプラス面がある。業績の悪化と人件費負担の増大に苦しむ企業経営者が，背に腹は替えられず，このプラス面に飛びついた，というのが近年の成果主義の広がりという事態であろう。

　日本企業は，多かれ少なかれ，成果主義を導入せざるを得ないのであろう。そうであれば，成果主義の短所をなるべく抑制するような形で，取り入れる工

夫が必要である。それは，逆に言えば，年功賃金制がもっていた良さをなるべく生かす工夫が必要ということである。それには，どうすればよいのか。以下で，論じてみたい。

ただし，成果主義をどのような形で，どの程度取り入れればよいのかは，ケース・バイ・ケース，それぞれの企業の事情に応じて，考えるべきである。どのような企業，どのような職種にも当てはまる画一的な答えがあるわけではない。ただ，多くの（すべてではない）企業に有効と思われる基本的な考え方として，以下のことが言えるのではないか，と考える。

まず考える前提として確認しておきたいことは，前章第3節で述べたように，日本企業は，今後も長期雇用慣行を維持しようとしている，ということである。長期雇用慣行の長所を大切にする，という日本企業の姿勢に変わりはない。だとすれば，年功賃金制度がそうであったように，これからの賃金制度も，長期雇用慣行の長所をより伸ばすようなものでなければならない。少なくとも，長期雇用慣行が担う機能と矛盾するようなものであってはならない。この前提のもとに，五つの点を論じたい。

第一に，管理職になるまでは，基本的に年功賃金制（職能給）を適用し，成果主義の適用は，主として課長ないしは部長以上の管理職に限る[34]。20歳台，30歳台はとくに能力が伸びる時期であり，じっくりと技能形成（人材育成）を図るために，能力の伸張に合わせた職能給が望ましい。また，この時期の昇給には，生活給の意味ももたせる。成果主義は，管理職に適合する賃金制度である。なぜならば，企業内での権限に応じて，成果に対する責任を負うべきだからである。経営戦略上より重要な決定を下す人間が，企業の成果に対してより責任を負うべきであろう。また，一般に，高い職位の管理職ほど，売上高や利益率などの数値目標が立てやすい。つまり，成果を測る客観的な指標を設定しやすい。これに対して，なんの権限もなく，上司の命令に従って働くだけの一般従業員に成果の責任を負わせることは，理不尽である。

第二に，成果主義の「成果」を，数値化しうる指標だけでなく，より広い意

味に捉えるべきである。これまでに論じてきたように，大部分の仕事は，その成果（企業への貢献度）を明確に数値化できない。そうであれば，成果をなるべく公平に評価するためには，「数値化できない部分」をも評価しなければならない。それにはどうしても難しさが伴うが，「数値化できない部分」の評価に真剣に取り組まないのであれば，成果主義を導入すべきではない。短期の数値化しうる成果だけを求めるならば，その企業はじきに行き詰まるであろう。長期的な視野での仕事や成果が目に見えにくい仕事をも，しっかり評価するのでなければ，企業の将来的な発展はない。また，従業員間の協調性や信頼関係も失われる。

　日本企業は，年功賃金制（職能給）の下において，「数値化できない部分」の評価を行ってきた。成果主義をわれ先に取り入れるというような時代風潮のなかで，そうした評価の重要性の認識が，必ずしも失われてしまったわけではない。あるいは，成果主義の失敗という教訓から，改めて認識した企業もあろう。現在，多くの日本企業は，例えば成果を生み出すまでの「プロセス」を評価するという形で，「数値化できない部分」の評価に取り組んでいる[35]。

　第三に，賃金格差をあまり大きくすべきではない。従来の年功賃金制より大きな賃金格差を付けるにしても，従業員の企業への忠誠心や協調性が維持される程度にすべきである。また，従業員の生活保障にも配慮が必要である[36]。

　第四に，前節で論じたように，管理職の評価者としての能力を高めることが重要である。そのために，管理職個々人の自覚と努力とが大切なことは言うまでもないが，管理職に定期的に訓練を施す等，企業としての取り組みも必要である。また，人事考課の透明性や納得感を高めるためには，従業員に評価をフィードバックする必要がある。そして，人事考課は，従業員の否定的な側面を指摘することを目的とするのではなく，従業員の価値をいっそう高めることを目的とすべきである。つまり，人事考課は，基本的姿勢として，従業員の能力を伸ばす，人材育成という観点から行うべきである。従って，人事考課を説得力あるものにするためにも，管理職は，普段から部下たちの仕事ぶりによく

目を配り，部下たちとのコミュニケーションを密にし，適切な指示を行うことが求められる。また，単に人事考課の問題としてだけでなく，管理職の重要な役割の一つが，部下の能力を伸ばすこと，人材育成にあるという点を，改めて確認しておきたい[37]。その役割の一環として，評価者としての能力向上が求められている。

第五に，管理職に昇進できる従業員が限られてくる，賃金格差が大きくなるなど，処遇の格差がこれまでより大きくなる以上，それを補完する人事・処遇上の配慮や制度の設計が必要である。例えば，従業員のキャリア形成に関して，本人の希望をなるべく尊重すべきである。もちろん，実際上，これを十全に行うことはできないだろうが，そうした方向での企業としての努力が必要である。なぜならば，従業員にとって，自己の意思に沿わない仕事をさせられた上，待遇もよくないという結果は，納得できないであろう。また，社内公募制やFA制の導入[38]も，本人の意思を尊重する取り組みの一環として，積極的に考えるべきである[39]。

また，管理職への道だけではなく，専門職というキャリアパスを設けることも必要である。管理職になることだけを昇進コースとするのではなく，従業員の専門的技能を活かす専門職の昇進コースも設ける。管理職と専門職との二つの道に，キャリア形成を分けるのである[40]。

また，人事考課に関する苦情処理制度を設けるべきである。自己への評価結果に不満がある場合，従業員がそれを訴えることができる機関を社内に設ける必要がある。人事考課への納得感を高めるために，また人事考課の質を向上させるために，こうした制度の設置が欠かせない。

## 5．結びに代えて──創造的な仕事と賃金制度

最後に，小池［2005］第4章第5節を参考に[41]，企業の競争力を決定する鍵となる，イノベーション活動などの創造的な仕事に，どのような賃金制度が適しているかを，考えてみたい。

研究開発などの創造的な仕事には，成功すれば高額の報酬を与え，失敗すれば減給，というような報酬制度が適している，と考える向きが多い。そうした減り張りの利いた成果主義的な報酬制度が，創造的な仕事に果敢に挑戦するよう人を刺激する，と考えられている。しかし，一般に，人はリスクを回避する性向がある。例えば，成功報酬は大きいが成功確率は低い目標と，成功報酬は小さいが成功確率は高い目標とが与えられ，いずれの目標についても失敗すれば減給（極端なケースを想定すれば解雇）というとき，人はどちらの目標を選ぶであろうか。リスクを好む少数者以外，多くの人は，後者を選ぶであろう。賭け事を楽しむ場合であれば，大きな報酬を夢見て小さな可能性に掛ける（大穴を狙う）ことも，或いはあるかもしれない。しかし，大抵の人は，自らの生活を大きなリスクに晒すような選択はしない。

そうであれば，成果主義的な報酬制度の下では，多くの人は，成功の確率の高い，比較的無難な目標を選ぶ。真に創造的な，難しい，成功の確率の低い目標は，ほとんど選ばれなくなる。つまり，企業を大きく成長させるような仕事に，大部分の従業員は取り組まなくなるのである。また，一般に，難しい仕事に取り組まなければ，能力の大きな向上は望めない。従って，従業員に無難な仕事ばかり選ばせる成果主義は，長期的には，企業の競争力を損なう可能性が高い。

そうだとすると，創造性の高い仕事に，従業員たちを向かわせるためには，企業がリスクの大半を負担する必要がある。年功的な処遇をベースとし，成功の場合と失敗の場合とで，報酬の格差をあまり大きくはしない。ただ，成功した場合，多少の報酬のアップとともに，昇進が早くなり，発言力が増し，次にまたやり甲斐のある仕事ができる可能性が高くなる。先に引用したが，高橋[2004]が言うように，「次の仕事の内容で報いられる」。こうした従来から日本企業で行われてきたような賃金・処遇制度の下においての方が，従業員は，思い切って，創造性の高い仕事に，挑戦するのではないだろうか。

こうした考察からも，日本の年功賃金制（と呼ばれてきたもの）が，長期雇

用慣行を基盤として，従業員の技能形成と企業の長期的発展を目指す制度的工夫であることが分かる。

## 【注】

1) ただし，日本においても，賃金に年功的な傾向をよくみることができるのは，長期雇用慣行と同様に，主として大企業に働く男性正規従業員に限られる。また，小池[2005]第4章によれば，ホワイトカラーについては，西欧においても，年功賃金が広く見られる。この点では，日本と大差ない。日本と西欧との違いはブルーカラーについてであり，日本では，大企業に働くブルーカラーの賃金も，ホワイトカラーとさほど遜色のない程度において，年功的であるのに対して，西欧では，ブルーカラーの賃金に年功的要素は，非常に小さい。こうして，小池は，大企業に働くブルーカラーの「ホワイトカラー化」が，日本企業の大きな特徴であるという。

2) 何が能力主義であり，何が成果主義であるかは，「能力」をどう定義し，「成果」をどう定義するかによる。つまり定義の問題であり，定義の仕方によっては，両者の違いははっきりしなくなる。ただ，一般に，次のような区別がある。能力主義はその人が保有する能力を評価するのに対して，成果主義はその人が上げた成果（実績）を評価する。例えば，営業マンであれば，成果主義の下では，売上高という成果を伸ばせば，賃金は上がる。能力主義の下では，商品知識等の営業マンとしての能力が向上したと評価されれば，売上高が増えなくとも，賃金は上がる。

3) 第2の点にも，第3の点にも関わる重要な問題に，部下や後輩の育成に関心を向けなくなる，という弊害がある。

4) 尾高[1984] pp.120-121，小野[1989] pp.85-86。

5) 生計費に応じた賃金を，生活保障給と言う。生計費の上昇が年齢の上昇に伴う以上，生活保障給は年功的になる。生活保障給の考え方は，その源流を戦前に遡ることができるが，戦争直後，電産型賃金体系と呼ばれる，生活保障を重視した平等主義的な賃金体系が導入された。この電産型賃金体系が，戦後の賃金体系の出発点となる。その後，賃金体系には修正が加えられるのであるが，生活保障給の考え方は，戦後日本の賃金構造に影響を与え続けた。小野[1989]第4章参照。

6) 小池[2005]第3章，第4章参照。小池によれば，欧米企業と比較したとき，人事における「遅い選抜」が日本企業の特徴である。日本企業においては，「遅い選抜」によって，従業員間の長期の競争が行われている。また，こうした日本企業の昇進・昇格システムの経済理論的分析については，伊藤[1992]，Itoh

[1994]，鶴［2006］第4章を参照。鶴も，そこにおいて，戦後日本の雇用システムは「成果を賃金に直接結びつける成果給にかかわるさまざまな問題点を巧妙に解決するような仕組みを作り上げてきた」(p.189)と述べている。
7) それは，1970年代以降は，職能資格制度に基づいてきた。職能資格制度は，職能（職務遂行能力）という「能力」に応じた従業員の格付けを行い，その格付けに従って，賃金や職位等の人事・処遇を実行する制度である。つまり，職能資格制度は，能力主義である。ただし，実際には職能資格制度は，かなり年功的に運用されてきた。こうした点を含めて，大橋・中村［2004］第3章は，戦後日本において，賃金がどのように決められてきたかを，さまざまな実証研究に基づいて，論じている。
8) 宮本［1999］p.78。
9) 組織としてのまとまりを保つための仕組みとして，次の点も指摘しておくべきであろう。注6)で述べたように，日本企業では「遅い選抜」によって，従業員間の長期の競争が行われている。決定的な選抜が行われるまで，長い時間をかけて，じっくり従業員の働きぶりや能力を評価する。また，この間，複数の上司によって，査定が行われる。こうした日本の選抜方式は，欧米のような「早い選抜」に比べて，評価の精度を高め，より公平な評価につながる可能性が高いであろう。そして，従業員間に発生する「差」について，従業員にそこそこの納得感を生み出していると思われる。ただし，日本の「遅い選抜」方式には，経営者の養成に不向きなどの問題点があることも，指摘されている。小池［2005］pp.78-79，鶴［2006］p.189，樋口［2001］pp.109-110，pp.154-155などを参照。
10) 退職金も，勤続年数が増えるほど，受け取る側に有利になるシステムになっている。こうした退職金の制度も，従業員の企業への定着を促す。
11) 宮本［1999］pp.105-109。また，小野［1989］pp.83-85，小池［1994］pp.38-40も参照。
12) また，成果主義は，当初管理職層を中心として導入が進んだ。それが，近年では，非管理職層にまで広がりつつあるのかどうか，見方は分かれる。注34)を参照。
13) 成果主義とはどういう制度かについて，より詳細には都留・阿部・久保［2005］第2章を参照。都留・阿部・久保は，1990年代以降の成果主義の普及という事象を，役割等級制度と職務等級制度の広がりと捉え，その意味するところを，従来の職能資格制度と比較しつつ，詳しく分析している。
14) このパラグラフについては，溝上［2004］pp.34-41が参考になった。
15) 例えば，城［2005］pp.54-62，都留・阿部・久保［2005］第4章を参照。
16) 溝上［2004］pp.43-48参照。溝上は，成果主義導入に関する何人かの経営者の発言を引用している。

17) このパラグラフは，厚生労働省[2006] pp.226-227を参照した。
18) 以下の二つのパラグラフは，厚生労働省[2006] pp.228-229を参照した。
19) ただし，成果主義の問題点を，ここで論じ尽くすことはできない。成果主義の問題点について，より詳しくは，内田[2001]，城[2004][2005]，高橋[2004][2005]，溝上[2004]などを参照。
20) このパラグラフは，内田[2001] pp.23-24を参照した。
21) このパラグラフは，内田[2001] pp.24-28を参照した。
22) 以下の二つのパラグラフは，城[2005] pp.70-73, pp.80-86を参考にした。ただし，城は，このパラグラフで挙げた三つの前提条件に加えて，「評価の際，達成度だけで絶対評価が可能」という前提条件を挙げている。この四つ目の前提条件の問題点については，すぐ後に言及する。
23) 溝上[2004] pp.65-68，江波戸[2002] pp.81-84参照。
24) 上司が，部下の目標設定や成果評価に際して，適切な指導や評価をすれば，こうした問題は避けることができるだろう。しかし，すぐ後にも論じるように，上司の指導や評価に必ずしも期待はできないようである。富士通の事例に基づくものであるが，城[2004] pp.78-82によれば，上司が部下の仕事内容をしっかり理解していない，上司は部下に厳しい評価を与えることを嫌う傾向がある，部下が本当は低い目標を高く見せかけるコツを覚える，などの理由によって，達成しやすい目標しか選ばれなくなったと言う。
25) 以下の三つのパラグラフは，城[2005] pp.73-74, pp.89-94を参考にした。
26) このパラグラフは，城[2005] pp.110-114を参考にした。
27) 高橋[2004] p.17。
28) 高橋[2004] pp.155-157。
29) 高橋[2004] pp.30-36, pp.167-170。
30) 高橋[2004] p.28。
31) 高橋[2004] p.46。
32) 高橋[2005] pp.5-8も参照。
33) 高橋[2004]第4章第4節。
34) こうした考え方のもとに，楠田編[2002]は，「日本型成果主義」を提唱している。また，当初管理職層を中心として導入された成果主義が，近年では非管理職層にまで浸透しつつあるという見方がある（例えば，城[2004] p.230，溝上[2004] p.228）一方，これに反する見方もある。中村[2006]は，いくつかの企業について，成果主義の運用実態を，詳しく調べている。その結論の一つとして，「成果主義は主として課長，部長以上の管理職を対象にしている。一般職にまで成果主義が広がっていると見なすのは事実に反する」(p.99) と主張する。なお，図4-2に示されている賃金カーブの時系列の推移は，中村の見方と整合的であると思われる。

35) 成果を評価するという成果主義の本来の趣旨からすれば,「プロセス」の評価であれ何であれ,「数値化できない部分」も評価することは,成果主義の後退である。滝田［2006］は,これを「脱・成果主義」と捉える。
36) 賃金格差が大きすぎる極端なケースとして,「勝者総取り」的な制度がある。これは,成果と報酬とのリンクを放棄して,例えば,評価が最も高い一握りの従業員に,他の多くの従業員の数倍の賞与を与えるような制度である。ここで,評価が最も高い従業員が,実際に,他の従業員の数倍の成果を上げたわけではない。金銭的な刺激を最大限に利用して,従業員のモチベーションを高めようとしている。これは,成果に応じた報酬という成果主義の趣旨からも,全く逸脱している。このような過酷な競争を強いる制度は,確実に企業組織を崩壊させるであろう。城［2005］pp.141-144参照。
37) とくに重要な点は,部下にどのような仕事を与えるか,である。
38) 社内公募制は,業務内容を明示して,その業務を担当したい人間を社内から広く募集する制度である。FA制は,本人が希望する業務を申請し,希望先部署が異動の可否を決める制度である。
39) このパラグラフは,中村［2006］pp.216-218,城［2005］pp.149-152,溝上［2004］pp.235-241を参考にした。
40) 専門職制度に関しては,今野・佐藤［2002］第8章を参照。
41) 小池は,そこにおいて,アメリカ弁護士の興味深い事例を紹介した上で,自説を展開している。また,小池［1994］第1章,猪木［2002］pp.45-47も参照。

# 第5章

# 日本型企業統治の擁護

　1970年代, 80年代には, 日本型企業統治は, 日本経済成功の要因として, 国内だけでなく, 海外からも, 高い評価を得た。しかし, 1990年代になって, 長引く不況のなか, 日本型企業統治は, 激しい批判を浴びるようになった。日本型企業統治が企業改革を妨げている, だから日本経済は平成不況から抜け出せない, と言われた。また, 90年代に多発した企業不祥事も, 日本型企業統治に起因するものと考えられた。

　そして, アメリカ型企業統治を日本企業に導入すべきである, ということが盛んに主張されるようになる。アメリカ型企業統治は, 1990年代のアメリカ経済のたいへんな好景気を生み出した要因と, みなされていた。アメリカ型企業統治の導入によって, 企業改革は迅速に進められ, 企業不祥事も防ぐことができる, と考えられた。アメリカ型企業統治を導入することが, 日本経済の再生につながる, と言われた。

　しかし, このような1990年代以降の日本型企業統治への批判は, どこまで妥当なものであろうか。また, アメリカ型企業統治の導入が, 本当に日本経済を救うのだろうか。

　本章の主張は, さまざまな面での企業改革・制度改革は必要であるにせよ, 日本型企業統治の本質的な性格を変えるような改革は避けるべきである, というものである。

　以下では, まず第1節において, 日本型企業統治の特徴と, その長所, 短所を論じる。第2節では, 日本型企業統治と対照的な性格をもつ, アメリカ型企

業統治の特徴と，その長所，短所を論じる。第3節では，日本企業はアメリカ型企業統治への転換を図るべきである，という議論の妥当性を検討する。第4節では，株式持合の解消，外国人株主の台頭など，企業を取り巻く環境が株主からの圧力が強まる方向に変化するなか，日本型企業統治が，依然としてその中核的な性格を維持をしていることを論じる。第5節は，結びとして，新原[2003]を手掛かりに，日本企業の本当の課題は何であるのか，について考える。

なお，実は，企業統治（コーポレート・ガバナンス）という概念の意味について，論者の間に一致した理解があるわけではない。ここでは，企業統治の概念規定に深入りすることはせず，とりあえず，加護野[2003]に従って「企業統治とは，経営者の任免と牽制を通じて，よりよい企業経営が行われるようにするための制度や慣行」(p.195)という，ゆるやかな定義を与えておく。

## 1. 日本型企業統治

### 日本型企業統治の特徴

アメリカ，イギリスなどの株式会社と同様に，日本の株式会社においても，法律的な制度としては，株主が会社の主権者である。つまり，会社法において，株主総会が，会社の最高意思決定機関として，位置づけられている。株主総会は取締役を選任し，取締役によって構成される取締役会が，代表取締役社長を選任する。社長が中心になって経営が執行されるのであるが，株主の代表である取締役会が，社長の経営活動を監視する。法律的には，日本の株式会社も，こうした形態をとっており，株主が会社の主権者である。

しかし，日本の株式会社の実際は，このような法律的仕組みに沿うものではない。日本の株式会社の大株主の中心は，株式の相互持合などによって形成される安定株主である[1]。安定株主とは，短期的な投資利益を目的として株式を保有するのではなく，株式を長期的に（つまり「安定的」に）保有する株主である。安定株主は，基本的に当該企業の経営者に対して友好的であり，経営が危機的状況に陥るなどの特別な場合以外，ふだんは経営への口出しをしない，

「物言わぬ株主」である。日本の株式会社は，大株主を安定株主で固めることによって，敵対的買収をはじめとした，株式市場からの圧力を防いできた。こうした安定株主，あるいは株式持合という慣行に支えられて，日本の株式会社においては，株式市場から相対的に自立した経営が行われてきたのである[2]。

また，こうした日本企業において，経営者は，内部昇進が一般的である。そして，取締役の任免権は，多くの場合，事実上代表取締役社長が握っている。社長は，自分の部下のなかから取締役候補者を選任し，取締役会や株主総会では，社長が提案した候補者が，そのまま承認される。また，社長の選任においては，取締役会の影響力は小さい[3]。このような事実上社長によって選ばれる取締役会が，法律が規定するような社長の監視役を十分に果たすことは難しいであろう[4]。

このように日本企業においては，会社法の趣旨から逸脱した経営が行われてきた。そこには，日本型と言いうる，日本に固有の企業統治形態をみることができる。この日本型企業統治については，さまざまな定義が与えられてきた。

例えば，稲上[2000]は，日本型企業統治を，次のように定義する[5]。

「企業コミュニティーの存続と発展を重視する，内部昇進型経営者によって担われた，物言わぬ安定株主と株の持ち合い，メインバンク・システムと間接金融，その他のステークホルダー（とりわけ正社員）との長期的信頼関係に支えられた，インサイダー型の二重監督システム」(p.40)

稲上他編著[2000]は，アンケート調査によって，この定義が，おおよそ日本企業の実態に沿うものであることを，裏付けている。

伊丹[2000b]は，この稲上の定義を認めつつ，より直截に，日本型企業統治を「建て前は株主主権，本音は従業員主権」と定義している。これは，より正確には，「従業員の主権がメインで，株主の主権はサブ」という意味であるという[6]。

また，Aoki[1988]は，経営者を，株主利益と従業員利益との間で調整を図る，中立的な調停者とみなす日本企業モデルを提唱した。ここでも，従業員主

権と言い切る伊丹の定義ほどではないにせよ，日本企業の企業統治には，従業員利益が深く組み込まれていると，捉えられている。

これらの定義を参考にしつつ，ここでは，日本型企業統治の特徴を次のように整理しておきたい。

(1) 企業の存続と発展を重視する。つまり，長期的視野からの経営が行われる。
(2) 株主は，ステークホルダーの一つとして，その利益に配慮されるが，株主の利益が，他のステークホルダーの利益に比して，最優先されるわけではない。
(3) 雇用の維持をはじめとした，正社員との長期的な信頼関係を重視する。
(4) 系列関係にある長期的・継続的な取引先企業との利害調整・信頼関係を重視する。
(5) 以上のような経営を支える基本は，株式持合などによる安定株主の形成である。これによって敵対的買収を防ぎ，また短期的な株価の変動に影響されない企業経営が可能となる。
(6) 経営者は，内部昇進が一般的である。こうした経営者は，従業員代表という性格をもつ。
(7) 経営の健全性が維持されている限り，企業外部の投資家は経営に口出しせず，経営は，経営者の裁量に任される。しかし，経営が危機的状況に陥った場合，メインバンクに経営権が移る[7]。

### 日本型企業統治の長所と短所

日本型企業統治は，日本企業の他の特徴，すなわち長期雇用慣行，年功賃金制，企業別労働組合，系列取引と，密接に関連している。これら日本企業の諸特徴は，相互に関連した一つの全体的なシステムとして理解すべきものである。本書では，このシステムを，日本型企業システムと呼んできた。

日本型企業統治は，日本型企業システムの不可欠の一環として，機能してい

る。長期雇用慣行，年功賃金，系列取引などは，日本型企業統治によって保障されている。なぜならば，長期的な視野での経営が守られなければ，つまりアメリカ企業にみられるように，株価の短期的な変動によって，企業経営が大きく左右されるならば，長期雇用慣行，年功賃金，系列取引などを維持することは難しい。

したがって，日本型企業統治の長所と短所は，日本型企業システムという全体との関連のなかで，考える必要がある。

日本型企業統治の長所は，一言で言えば，「長期的な視野からの経営が行われる」ということであるが，具体的には，次の三点が挙げられる。

第一に，設備投資や研究開発や人材育成を，長期的な視野から行うためには，短期的な利益を犠牲にせざるを得ない場合があるが，株式市場の短期的な動きに影響されない日本型企業統治は，そうした長期を見据えた投資行動を可能にする[8]。

第二に，第3章，第4章で詳しく論じたように，長期雇用，年功賃金などの雇用慣行は，従業員の技能形成を促進する，従業員間の協調性や信頼関係を形成する，などの利点をもつ。こうした雇用慣行を，日本型企業統治は保障する。

第三に，系列という企業間関係は，市場取引に組織的な要素（長期的な協力関係）を組み込むことによって，生産の効率性を高めている（第1章第2節参照）。この系列取引を，日本型企業統治は保障している。

こうした長所に対して，日本型企業統治には，次のような短所がある[9]。

第一に，経営者への牽制が弱い，という問題がある。先に説明したように，日本企業において，株主は，経営への影響力をあまり行使しない。また，取締役会は，社長をチェックする機関として十分ではない。その結果，経営への監視が甘くなる。良好な経営が行われていれば，それで問題はない。しかし，経営が間違った方向に進んでしまった場合，それに歯止めを掛けることが遅くなる。その結果，経営が危機的な状況に陥るケースもある。また，経営への監視が甘いことが，違法行為（企業不祥事）につながるケースもある。

第二に、企業組織の抜本的な改革、とくに従業員の解雇を伴う改革が難しい、という問題がある。経済環境は常に変化する。激しい市場競争に晒されている企業にとって、経済環境の変化に応じた改革は、是非必要である。また、誤った将来的な見通しの下に、経営が進められてしまうこともある。このような場合にも、経営を軌道修正するための改革が必要である。しかし、こうした改革が抜本的なものであるとき、とくに従業員の削減を要請するとき、日本企業にとって、迅速な対応をすることが、きわめて難しい。日本型企業統治は、雇用維持をはじめとした、従業員との長期的な信頼関係の上に成り立っている。この信頼関係を裏切るならば、日本企業の本質的な性格を、変えてしまうことになるからである。そこで、この信頼関係をなるべく裏切らないような形で、改革を進めるならば、どうしても一定以上の時間がかかる[10]。また、系列関係についても、同様である。系列企業との信頼関係を裏切るような改革は、なかなか進まない。

　ここで確認しておきたいことは、日本型企業統治の長所と短所とは、切り離せない密接な関係にある、という点である。経営者が経営の大幅な裁量権を実際上有していることが、長期的な視野での経営を可能にしているのであるが、それは同時に、経営者への牽制が弱い、ということにつながっている。また、従業員や系列企業との長期的な信頼関係を重視することが、日本企業の大きな利点であるが、それは同時に、抜本的な改革を難しくしている。

　以上のような日本型企業統治と対照的な性格を有しているのが、アメリカ型企業統治である。次に、アメリカ型企業統治について、考えてみたい。

## 2．アメリカ型企業統治

### アメリカ型企業統治の特徴

　アメリカ型企業統治の特徴は、株主の利益が優先される、という点である。アメリカ企業においては、企業業績を高め、株価の上昇を図ることが、経営の第一の目的である。

こうしたアメリカの企業行動を推進する原動力となっているのは，機関投資家の活動である。公的年金基金をはじめとした機関投資家が，投資先企業の経営内容を厳しく監視し，企業業績を高め，株価を上昇させるべく，活発な活動を展開している[11]。

アメリカ企業の経営者を，株主利益の追求に駆り立てさせる要因のもう一つは，ストック・オプション（自社株を予め定められた価格で購入できる権利。株価が上昇すれば，その差額が報酬となる）の採用である。経営者にストック・オプションを与えることは，株価の上昇と経営者の利益とを連動させる。ストック・オプションは，株価の上昇を目指すよう，経営者を強く動機づけるのである[12]。

また，アメリカ企業の株主利益追求を保障するものとして，しばしば社外取締役の存在が指摘される。取締役会のほとんどが内部昇進者で固められる日本企業と異なり，アメリカ企業では，社外取締役が取締役会の過半を占め，株主の側に立って，CEOを中心とした経営の執行を厳しく監視している，と言われる。しかし，実際には，社外取締役に，経営への十分な監視ができるわけではない[13]。

### アメリカ型企業統治の長所と短所

日本型企業統治が，日本企業の他の特徴と密接に関連していたように，アメリカ型企業統治は，アメリカ企業の他の特徴，すなわち流動的な雇用，職務と成果に応じた報酬，市場の短期契約による企業間取引などと，密接に関連している。これらアメリカ企業の諸特徴は，相互に関連した一つの全体的なシステムとして理解すべきものである。このシステムを，アメリカ型企業システムと呼ぶことにしよう。ただし，こうした企業システムがアメリカにおいて確立するのは，比較的最近のことであり，1990年代においてである[14]。

アメリカ型企業統治は，流動的な雇用，職務と成果に応じた報酬，短期的な企業間関係などと一体となって行われる。アメリカ企業においては，株主利益

を優先し、企業業績の向上を図るために、経済環境の変化に応じた企業戦略の変更や企業組織の再編成が、迅速に行われる。そうした迅速な企業改革は、雇用が流動的であることによって可能となる。すなわち、不要になった従業員を解雇し、新しい必要な人材を雇う、ということが、速やかに行えることによって可能となる。また、迅速な企業改革には、企業間取引が短期的なものであることが好都合である。すなわち、取引企業を簡単に変更でき、市場を通して、常により有利な条件を提示する相手と取引できることが好都合である。あるいは、経営者へのストック・オプションの付与に代表されるように、個々の経営者や従業員（とくに管理職層）の報酬に関して、企業業績の向上にいかに貢献したかが、厳しく問われる。すなわち、報酬は、成果主義の要素が強くなる。

したがって、アメリカ型企業統治の長所と短所は、アメリカ型企業システムというシステム全体のなかで、考える必要がある[15]。

アメリカ型企業統治の長所は、第一に、経営者に対して、企業業績を高めるよう努力させる強い誘因が働く、という点である。株式市場からの圧力が、経営者に、たえず強い刺激を与えるのである。

第二に、企業改革を柔軟に行うことができる、という利点がある。先に述べたように、雇用が流動的であり、取引企業との関係が短期的なので、企業戦略の変更や企業組織の再編成を迅速に行うことができる。株主利益の追求というエンジンに主導されたアメリカ型企業システムは、経済環境の変化に応じた、あるいは環境変化を先取りした、柔軟な適応力を発揮する。こうしたアメリカ企業の柔軟性は、活発なM&A（合併・買収）によって、企業がダイナミックに変貌しつつ発展する、という所にも発揮される。経済環境の変化が大きいとき、こうした柔軟性は、とりわけ重要である。

しかし、アメリカ型企業統治には、次のような短所がある。

第一に、経営が短期的な視野の下に行われる危険がある。すなわち、経営が短期的な企業業績に大きく左右され、企業の長期的な発展が損なわれる、という問題点がある。例えば、短期的な業績を高めることに汲々とするならば、一

時的には業績を悪化させるが，企業の将来的な発展には必要という経営戦略が，採用されなくなる。しかし，株式市場の投資家は，短期的な利得を求める傾向が強い。株主利益優先のアメリカ企業においては，こうした投資家の要求に応えるために，経営者は，短期的な業績向上を重視することになる。このような目先の利益を追い求める経営は，企業の長期的な発展に反する危険がある[16],[17]。

第二に，流動的な雇用，報酬の成果主義，短期的な企業間関係などは，長期雇用，年功賃金，系列関係などによって日本企業が備えているような利点を，犠牲にすることになる。例えば，流動的な雇用は，企業内での技能形成，とくに企業特殊的な技能の形成を困難にする。また，いつ解雇されるか分からないという状況におかれている従業員には，企業への忠誠心をもつことはできない。あるいは，報酬の成果主義は，大きな報酬格差[18]を引き起こし，企業内の一体感を損なう。あるいは，短期的な企業間関係は，企業間の長期的な協力関係が生み出す生産の効率性を犠牲にする。

アメリカ型企業統治の長所と短所とは，表裏一体の関係にある。経営者に対して，業績向上への強烈なプレッシャーが働くことは，短期的な視野での経営という問題につながっている。また，企業戦略の変更や企業組織の再編成を迅速かつ柔軟にできることは，長期的な雇用関係や企業間関係から生み出される利点を，犠牲にする。

## 3．アメリカ型企業統治への転換を図るべきか

日本経済が好調であった1980年代まで，日本型企業システムは，国の内外から，日本経済発展の重要な要因として，高い評価を得た。しかし，1990年代以降の長引く不況のなかで，日本型企業システムへの評価は，著しく低下することになる。1990年代以降の日本経済は，全般的に企業業績が悪化するなか，過剰雇用，過剰設備，過剰債務が深刻化した。また，企業不祥事も多発した。こうした問題の原因として，日本型企業システムが手厳しく批判されたのである。

企業統治という観点からは，次のような批判が浴びせられた。すなわち，日本企業は経営者への監視が甘い，それが経営のゆるみを引き起こし，企業業績が悪化した。また，経営者への監視が甘いことは，企業不祥事につながった。あるいは，日本企業は抜本的な改革ができない，だから，過剰雇用，過剰設備，過剰債務の問題がなかなか解決しない，などである。つまり，第2節で述べた日本型企業統治の短所が目立ったのが，1990年代以降である。

これに対して，アメリカ型企業システムは，1990年代に，アメリカ経済のたいへんな好景気を生み出した要因として，褒め称えられた。アメリカ経済は，70年代，80年代に，経済パフォーマンスの悪化に苦しんだ。そして，そうした低調な経済の原因として，アメリカ企業の問題点がさまざまに指摘された[19]。しかし，アメリカ企業は，70年代，80年代の苦境のなかで自己改革を果たし，90年代に復活する。前節で説明したようなアメリカ型企業システムは90年代に確立し，長期にわたる好況のなかで，高い評価を獲得する。例えば，強力に株主利益を追求するアメリカ企業は，資本と労働の効率的な利用を進めることができると，称えられた。あるいは，M&Aなどによって積極的に企業改革を行い，すばやく変貌してゆくアメリカ企業のダイナミズムが，称賛された。つまり，前節で述べたアメリカ型企業統治の長所が目立ったのが，1990年代であった。

こうして90年代以降の日本型企業統治への批判は，アメリカ型企業統治を規範として，主張されることになる。そして，日本型企業統治はもはや意義を失ったのであり，日本企業はアメリカ型企業統治への転換を図るべきである，ということが盛んに唱えられるようになった[20]。経営者への監視が甘い，企業改革がなかなか進まない，などの日本企業の問題点は，アメリカ型企業統治の導入によって，解決すると考えられたのである。

しかし，アメリカ型企業統治への転換ということが，本当に，これからの日本企業の正しい進路なのであろうか。筆者は，このような転換を図ることには，基本的に賛成できない。その理由を，以下に論じる。

第一に，第2章第2節(1)で論じたように，日本型企業統治を含む日本型企業システムが平成不況の大きな原因であるとは，考えられない。平成不況は，バブル崩壊を基本的な原因とした総需要の大きな収縮という，マクロ経済環境の激変によって生じたものである。日本型企業統治が平成不況の大きな原因である，という命題は，何ら実証されたものではない。たしかに，80年代後半のバブル経済の際には，多くの日本企業の経営者が経営判断のミスを犯した。しかし，バブル経済も，経営判断のミスも，どのような企業統治の下においても，発生しうるものである。80年代後半には，日本だけでなく，イギリス，スウェーデンなど，ヨーロッパの一部の国でも，バブルが発生している。アメリカでは，80年代には多数の貯蓄貸付組合（S&L）が破綻する等の問題に繋がったバブルが発生し，90年代末から2000年代初めにかけてはITバブルが発生した。さらに今日，アメリカの住宅バブル（サブプライム問題）が大きな問題となっており，この問題は世界に波及している。

日本のバブル経済がなぜ発生したのかについては，さまざまな点が指摘されているが，企業統治の仕組みにその原因をなすりつけてすむような問題ではない。また，そもそもバブル経済とは，株主等，投資家の判断の危うさをよく教えてくれるものである。したがって，株主からの経営者への監視が弱いことがバブル経済の原因であると主張し，市場経済は「株主の声」に導かれるべきであるという理念に基づくアメリカ型企業統治への転換を説くことは，説得力に欠けると言わざるを得ない。

また，日本型企業統治の下では企業改革がなかなか進まず，それが不況からの立ち直りを遅らせたと言われるが，平成不況下において，アメリカ型企業統治を本格的に導入した場合，そうした急激な改革は，経済社会に大きな混乱を引き起こし，かえって不況を悪化させたのではないだろうか。

第二に，アメリカ型企業統治を導入することは，日本型企業統治の短所を解消することになるかもしれないが，同時に，その長所を失うことになる。90年代において，日本型企業統治の短所が目立ったのであるが，しかし，長所が消

えてしまったわけではない。平成不況のなかでも，好業績をあげた日本企業は数多い。第5節で取り上げる新原［2003］が選び出した約30社は，その代表的な例であろう。また，第2章第2節(2)で述べたように，とくに製造業は，高い国際競争力を維持した。そして，雇用の維持を重視する日本企業の方針は，失業率の上昇を抑制し，経済的・社会的な安定の維持に貢献した。このように，90年代以降においても，日本型企業統治の長所が発揮されているのであり，これを捨ててしまうことは，得策ではない。

完璧な企業統治は存在しない。前節までに論じたように，日本型企業統治にも，アメリカ型企業統治にも，長所もあれば，短所もある。そして，長所と短所とは，表裏一体のものである。その短所を嫌って，自国の企業統治を放棄するならば，その長所も手放すことになる。あるいは，他国の企業統治を導入することは，その長所を手に入れるかもしれないが，同時に短所も背負い込むことになる。企業統治の改革は，その利害得失をよくよく比較考量すべきである。

第三に，企業統治は，長い時間をかけて培われるものである[21]。それは文化であり，その国の歴史的所産である。そうであれば，企業統治は，徐々に変化するにせよ，簡単に変えることのできるものではない。他国の企業統治を取り入れることは，仮にそれができるとしても，長い時間がかかる。つまり，日本人がアメリカ型企業統治をうまく使いこなせるようになるには，長い時間がかかる。あるいは，いつまで経っても，うまく使いこなせるようにならないかもしれない。そうであれば，これまで慣れ親しんできた日本型企業統治を捨てて，アメリカ型企業統治へ飛び付くということを，軽々にすべきではない。

企業統治は，簡単に取り替え可能な部品ではない。その国独自の社会的資産であり，企業の国際競争力の重要な源泉である。もちろん，他国の企業統治のよい面に学ぶことは大切である。他国のよい面を，自国の実情に適合するよう修正した上で，取り入れることは，積極的に考えるべきである。また，経済環境の変化に応じて，さまざまな企業改革・制度改革を行うことも必要である。現に，日本企業は，平成不況以前から，そうした改革を行ってきた。しかし，

アメリカ型企業統治を本格的に導入するというような改革，日本型企業統治の本質的な性格を変えてしまうような改革には，賛成できない。むしろ，なすべきことは，日本型企業統治の良さを，いっそう活かすような努力である。

## 4．日本型企業統治は失われたか

　前節で論じたように，アメリカ型企業統治への転換を進めることが，これからの日本企業の正しい進路であるとは思えない。日本企業は，日本型企業統治を，基本的には守るべきであると考える。しかし，90年代以降の不況のなかで日本型企業統治はもはや崩壊した，と言われることがある。この問題を検討しておきたい。

　90年代以降，日本企業を取り巻く経済環境は，大きく変化する。それは，第一に，株式の保有構造の変化である。90年代の後半以降，株式持合の解消が急速に進んだ[22]。株式持合比率（株式時価総額に占める持合株式総額の割合）は，1995年度には17.1%であったが，2003年度には7.6%に大きく低下している。また，安定保有比率（株式時価総額に占める安定株主が保有する株式総額の割合）は，1995年度には43.4%であったが，2003年度には24.3%に，これも大きく低下している[23]。こうした法人の持合解消を穴埋めするような形で，外国人株主の持株比率が上昇している。1990年度には4.7%であった外国人株主の持株比率は，2006年度には28%にまで高まっている[24]。外国人株主は，機関投資家が中心であり，短期的な投資収益を目的としている。こうした機関投資家の台頭は，日本企業に対して，短期的な株主利益重視の圧力を強める。

　日本企業を取り巻く環境変化の第二は，企業関連の制度改革が進められたことである。日本型企業統治が批判され，アメリカ型企業統治への評価が高まるなか，株主重視の考え方に沿った，さまざまな改革が行われた。執行役員制や社外取締役の導入，株主代表訴訟の制度改革，連結会計や時価会計への移行など会計制度の改革，ストック・オプションの解禁，監査役の機能強化などであり，2003年4月にはアメリカ型企業統治システムである「委員会等設置会社

(2006年5月の新会社法では「等」が外された)」を選べるような商法改正が施行された[25]。

こうした株主利益からの圧力を強める方向の環境変化は、日本企業の行動に少なからず影響を与えたと思われる。例えば、前章までに論じた非正規社員の拡大や成果主義の導入が進んだことなども、その一因として、株主利益からの圧力の強まりが後押ししたと考えられる。しかし、日本型企業統治は、その性格をすっかり変えてしまったのであろうか。

日本型企業統治の重要な特徴は、企業の長期的な発展を重視することである。その現れの重要な一つが、研究開発投資を積極的に行ってきたことである。図5-1には、2003年における研究開発費の対名目GDP比の国際比較が示されている。これによれば、OECD諸国のなかで日本の当該数値は、3番目の高さである。技術革新への旺盛な意欲をもち、長期的な発展を志向する日本企業の特徴が維持されていることを、示すものであろう。

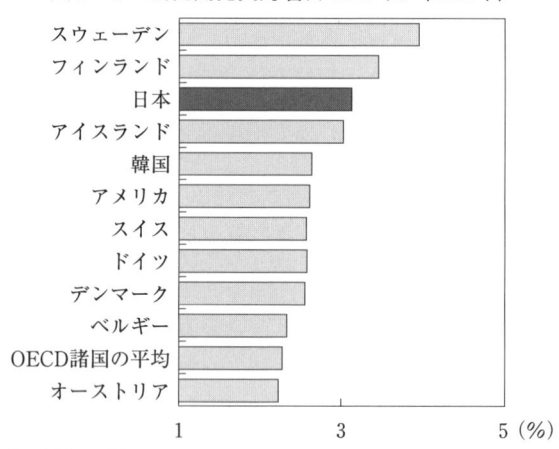

図5-1 研究開発費対名目GDP比（2003年）

| 国 | 比率(%) |
|---|---|
| スウェーデン | 約4 |
| フィンランド | 約3.5 |
| 日本 | 約3 |
| アイスランド | 約3 |
| 韓国 | 約2.5 |
| アメリカ | 約2.5 |
| スイス | 約2.5 |
| ドイツ | 約2.5 |
| デンマーク | 約2.5 |
| ベルギー | 約2 |
| OECD諸国の平均 | 約2 |
| オーストリア | 約2 |

(注1) OECD "OECD Science, Technology and Industry Scoreboard" により作成。
(注2) データが存在する上位11ヵ国、及びOECD諸国の平均。
(出所) 内閣府[2006]第2-2-4図。

第5章 日本型企業統治の擁護 115

　また，図5-2は，2006年に実施された内閣府による企業アンケート調査の結果である。これによれば，重視するステークホルダー（利害関係者）として，従業員に関して重視度が「強い」「やや強い」と答えた企業が7割近くを占めており，正規社員の雇用方針についても，長期雇用慣行を今後も維持すると答えた企業の割合は，9割に達している。日本企業が，雇用の維持をはじめとし

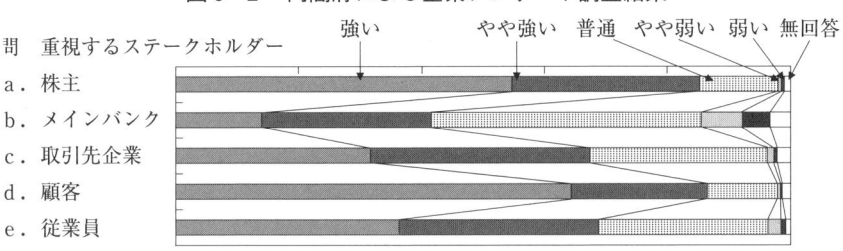

**図5-2　内閣府による企業アンケート調査結果**

問　重視するステークホルダー　　強い　　やや強い　普通　やや弱い　弱い　無回答
a．株主
b．メインバンク
c．取引先企業
d．顧客
e．従業員

問　正規社員の雇用方針
1．原則多くの従業員を対象に維持
2．経営環境を考慮しつつ維持する
3．経営環境等が悪化のため一部に限定
4．企業競争力強化のため一部に限定
5．経営における優先的な課題でない
6．無回答

問　事業法人・金融機関との株式持合について
1．長期的取引の強化のために強化する
2．敵対的買収への対抗のため強化する
3．現在の持合を維持する
4．弱める
5．持合をしている他企業が存在しない
6．無回答

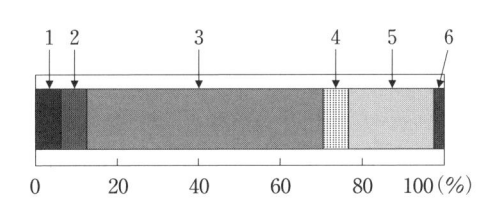

（注1）内閣府「企業統治・財務・雇用に関するアンケート」(2006)により作成。
（注2）調査対象は上場企業3791社。回答を得たのは669社（回収率17.6%）。回答企業の内訳は，1部上場企業等が約5割，2部上場企業が約2割，新興市場上場企業が約3割である。業種別では，製造業が約4割，非製造業（建設業を含む）が約6割である。
（出所）内閣府[2006]第2-2-14図。

て，従業員（正規社員）との長期的な信頼関係を重視している姿勢がうかがえる[26]。また，重視するステークホルダーとして，取引先企業と答えた企業も7割近くに達している。ただし，こうした一方で，重視するステークホルダーとして，株主と答えた企業が8割を占めることにも，注目すべきである。

もう一つ，吉村［2007］で利用されている企業アンケート調査の結果をみてみよう。図5-3が，それである。この調査結果では，従業員や取引先を重視するポイントの平均が，国内の機関投資家，個人株主，海外の機関投資家など各種の株主を重視するポイントの平均より高い。

以上の資料は，多くの日本企業が，長期的な視野に基づく経営，従業員（正規社員）との長期的な信頼関係の重視，取引先企業との長期的な利害調整・信

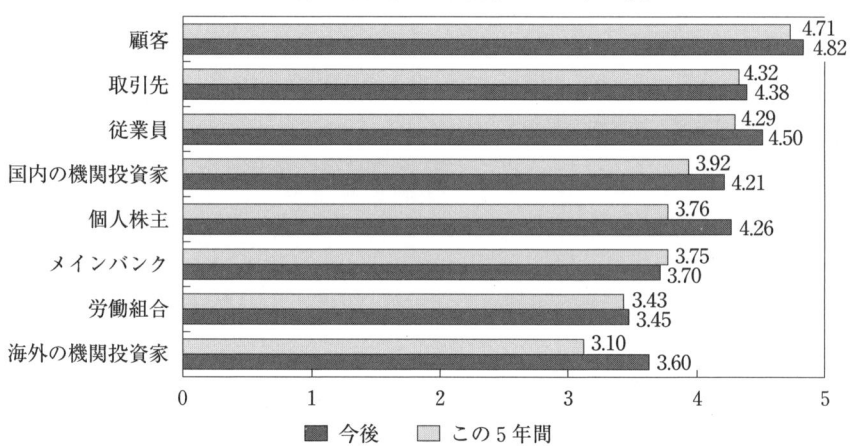

図5-3　利害関係者との関係／この5年・今後

| 利害関係者 | 今後 | この5年間 |
|---|---|---|
| 顧客 | 4.71 | 4.82 |
| 取引先 | 4.32 | 4.38 |
| 従業員 | 4.29 | 4.50 |
| 国内の機関投資家 | 3.92 | 4.21 |
| 個人株主 | 3.76 | 4.26 |
| メインバンク | 3.75 | 3.70 |
| 労働組合 | 3.43 | 3.45 |
| 海外の機関投資家 | 3.10 | 3.60 |

（注1）調査票では，それぞれの利害関係者との関係を，「この5年間」どの程度重視してきたか，また，「今後」どのようにしていく意向であるのかにかんして回答を求めた。回答は，それぞれにかんして「全く重視せず(1)」から「きわめて重視する(5)」の5段階のいずれか1つを選択する形式となっている。
（注2）調査対象は上場企業3634社。回答を得たのは289社（回収率8.0%）。その内，株式会社形態をとる287社の回答を利用。回答利用企業の内訳は，東証1部上場企業160社，東証2部他上場企業61社，新興市場上場企業66社である。
（注3）2005年末から2006年初めにかけて実施された。
（出所）吉村［2007］図2-1。

頼関係の重視（系列取引の重視）など，日本型企業統治の基本的な部分を，依然として維持していることを，示すものであろう。

また，2003年4月に施行された商法改正によって，アメリカ型企業統治システムである「委員会設置会社」を選ぶことができるようになったのであるが，この制度を選択する企業は，これまでのところ僅かに留まっている[27]。これは，アメリカ型企業統治の導入には消極的であり，日本型企業統治を基本的には維持しようとする日本企業の意思を，端的に表すものであろう。

また，先に論じたように，90年代後半以降，株式持合は解消に向かってきたのであるが，一方で，大半の企業が，株式持合を続けている事実にも，注目すべきであろう。表5-1は，財務総合政策研究所の調査である。これによれば，1999年から2002年にかけて，株式持合をしている企業比率は，88.4％から83.2％に低下したのであるが，その一方，8割以上の企業が依然として持合を続けているのである。そして，近年，企業の敵対的買収が活発化するなかで，株式持合が，あらためて重視されるようになってきている。先の内閣府のアンケート調査（図5-2）でも，株式持合について，1割強の企業が「今後強める」，6割弱の企業が「現状を維持する」と答えている。こうした株式持合の復活という最近の動きも，日本型企業統治を守ろうとする日本企業の意思の表れである。

表5-1 株式持合をしている企業比率

(単位：％)

| 調査年(社数)＼資本金 | 10億円未満 | 10～30億円 | 30～100億円 | 100～300億円 | 300億円以上 | 合 計 |
|---|---|---|---|---|---|---|
| 2002年（ 875社） | 77.4 | 82.2 | 83.2 | 86.8 | 84.6 | 83.2 |
| 1999年（1216社） | 89.5 | 87.6 | 85.7 | 92 | 90.5 | 88.4 |
| 変　　化 | △12.1 | △5.4 | △2.5 | △5.2 | △5.9 | △5.2 |

(注1) 財務総研調査（2002）質問3-4，3-9，財務総研調査（1999）質問Ⅲ-1-⑮より作成。
(注2) 2002年については，「事業法人との株式持合い」と「金融機関との株式持合い」のいずれか1つ以上を選択した企業の割合を示している。
(出所) 財務省財務総合政策研究所[2003]図表3-4。

さらに、近年、株式持合の強化のほかにも、新株予約権の割り当てなど、敵対的買収への防衛策を導入する企業が、増えている。そして、2006年7月以降、敵対的買収は、すべて失敗している[28]。また、株主総会において、外資系ファンドを中心に、配当増額や役員選任などの株主側からの提案が増加しているが、これら株主提案はほとんど退けられている[29]。こうした近年の経緯も、株主利益からの圧力の強まりを示す一方、日本型企業統治を守ろうとする日本企業の意思を表している。また、それは、「会社は株主のもの」というアメリカ的な考え方が、現状では、日本社会に受け入れられていないことを、示すものであろう。

ただし、敵対的買収の脅威は、引き続き存在している。また、ライブドアによるニッポン放送株式買い占め、村上ファンドによる阪神電鉄株式買い占めなど、近年の一連の敵対的買収事件は、敵対的買収に対する日本の法規制の未整備を露呈するものであった。敵対的買収に対する法規制の強化が必要である。

## 5．結び──新原浩朗『日本の優秀企業研究』が教えてくれること

日本企業は、株主利益重視の潮流に流されることなく、日本型企業統治を大切にすべきである。また、今日においても、日本型企業統治の中核的な部分が失われたわけではない。というのが、これまでの本章の主張である。しかし、言うまでもなく、日本型企業統治を守ることが、ただちに「よき経営」につながるわけではない。日本型企業統治の下で、80年代後半のバブル経済は発生した。また、日本型企業統治の下で、多くの企業が不振にあえいだのが、90年代以降であった。

長期的な視野での経営、従業員の利害への配慮、取引先企業との長期継続的な関係の形成などの日本型企業統治の良さを活かしつつ、いかに「よき経営」を行うかが重要なのである。この点で、新原［2003］の議論は注目に値する。

新原は、まず、企業経営の「形」と「本質」という問題を問い掛ける[30]。

新原が，この本の執筆動機として述べていることは，平成不況に苦しむなか，カンパニー制，執行役員制，成果主義などの「米国式」と呼ばれる経営の「形」を真似ることに，多くの日本企業が多大な労力を傾注したことへの違和感である。経営の「形」を真似ることによって日本企業は生き返るのか，真似た結果うまくいっているのか，という疑問である。「形」はどうであれ，この不況下で素晴らしい成果を上げている日本企業もある。企業経営には「形」よりも重要な「本質」があるのではないか。きわめて良好な成果を上げている日本企業を研究することによって，その「本質」を探り当てたい，これが新原の執筆動機である。その「本質」を，これからの日本企業の指針にしようというのである。そして，日本の優秀企業の「本質」として，以下のような六つの条件を得るのであるが，新原は，「米国式」の「形」の導入が重要であるとは全く判断されなかった，と結論している[31]。

　新原は，収益性，安全性，成長性という三つの観点[32]から，プラザ合意以降の15年間という中長期の企業業績に着目し，花王，キヤノン，シマノ，信越化学工業，セブン-イレブン・ジャパン，トヨタ自動車，任天堂，本田技研工業，マブチモーター，ヤマト運輸など，優れた成果を上げた日本企業約30社を選び出し，これら「優秀企業」の特徴を調べている。その結果，「優秀企業」全般に共通する六つの条件を得た。

　第一の条件は，経営者が十分に理解している範囲に，その企業が取り組む事業を限定し，それ以外の事業は決して手がけないことである。この条件が重要である最も大きな理由は，的確な経営判断を下すためには，経営者が，自社の事業に関するしっかりとした現場感覚をもっていることが，不可欠だからである。

　第二の条件は，経営者が「自分の頭で，考えて考えて考え抜いていること」である。他企業の成功例やコンサルタントなどのアドバイスを無批判に受容するだけでは，大きな成功は得られない。優秀企業は，自分の頭で考え抜いた上での意思決定から生まれるのであり，物真似からは生まれない。

第三の条件は，経営者が，自社を「客観的に眺め不合理な点を見つけられること」である。優秀企業を調べてみると，とくに企業改革に成功した企業の経営者について，「傍流の時代」とも呼ぶべき現象が見られる。会社の主流を歩んで順調に出世してきた人物よりは，周辺部署や子会社という「傍流」で苦労した人物が，本社の中枢に入り，改革を成功させている場合が多い。経営者にとって，傍流経験は，貴重な体験であるらしい。その理由は，次のように推定される。一つには，既存の事業にしがらみがないので，思い切った改革ができる。もう一つには，自社を中心の外から客観的に観察する機会を得ることによって，改革すべき不合理な点を見出す目が養われる。

　第四の条件は，「危機をもって企業の千載一遇のチャンスに転化すること」である。企業にとっての危機とは，長期的発展に向けた新しい方向性を見出すチャンスでもある。このチャンスを物にすることは，冷静さを失わず考え抜くことによって可能になる。

　第五の条件は，「身の丈にあった成長を図り，事業リスクを直視する」経営方針である。優秀企業に総じて観察されるのは，キャッシュフロー[33]の範囲内で，身の丈にあった研究開発や長期投資を行っている，という点である。これは，事業リスクに備えるという点で，また無駄な投資を行わないよう企業を規律づけるという点で，大切な「ルール」である。

　第六の条件は，お金以外の「世のため，人のためという自発性の企業文化を企業に埋め込んでいること」である。優秀企業では，その企業文化が生み出す「規律」によって，経営者と従業員とが律せられている。優秀企業の企業文化の理念は，利益追求ではなく，「世のため，人のために仕事をすること」である。利益追求はあくまでも手段であり，優秀企業の目的ではない（この第六の条件に関しては，第3章第4節において，より詳しく紹介した）。

　日本企業にとって必要なのは，アメリカ型企業統治の「形」を導入することではない。また，そうかと言って，ただ漫然と日本型企業統治の「形」を守っ

第5章 日本型企業統治の擁護　121

ていればよい，というわけではない。日本企業の課題は，日本型企業統治の「形」をベースにして，経営の「本質」を磨くこと，言い換えれば経営の機能を高めること，優れた経営戦略を生み出すことである。新原の研究は，そのことを，よく教えてくれる。

【注】
1) 株式持合や安定株主については，シェアード[1997]第3章，岡部[2002]などを参照。
2) 株式持合には，株式市場からの圧力を防ぐという目的だけでなく，企業間の長期継続的な取引関係を強化・促進するという目的もある。
3) 深尾・森田[1997] pp.64-67参照。社長を実際に選ぶのは誰か，という点については，しばしば，現任の社長が次期社長を指名する，と言われる。ただし，現実はもう少し複雑なようである。田村[2002]第3章第3節参照。
4) だだし，深尾・森田[1997] pp.66-68によれば，取締役会は，社長の監視役として，一定の有効性をもっている。「通常は社長が取締役をコントロールできるが，社長のパフォーマンスが限度を超えて悪化した場合には，取締役会が本来の機能を発揮し，代表取締役の交代を促す場合がある」（深尾・森田[1997] p.68）
5) この定義にあるステークホルダーとは，利害関係者という意味であり，企業のステークホルダーには，株主，債権者，顧客，従業員，取引先企業，地域社会，政府など，多様な人々が含まれる。また，二重監督システムとは，日本企業においては，経営を監視する機関として，取締役会と監査役会の二つが存在することを言う。
6) 伊丹[2000b] p.49。
7) Aoki [1994]は，これを状態依存型ガバナンスと呼んだ。
8) 加護野・野中・榊原・奥村[1983]は，アメリカ企業との比較において，日本企業のこうした性格を論じた先駆的な業績である。
9) 日本型企業統治の短所については，とくに加護野[1996] p.787を参照した。
10) 業績が悪化した場合，雇用維持のために，日本企業がどのような対応をするかについては，第3章第3節を参照。
11) アメリカの機関投資家の活動については，田村[2002]第2章，深尾[1999] pp.90-95などを参照。
12) しかし，ストック・オプションは，問題のある制度であった。ストック・オプションは，企業会計上，費用とはみなされなかった。これは，企業業績を，実態以上に見せかけるものである。さらにストック・オプションは，他の不正

会計をも助長し，90年代アメリカ経済のバブル化を煽ったのである。Stiglitz [2003]第5章参照。
13) 田村[2002] pp.41-45参照。
14) 1990年代にここで言うアメリカ型企業統治が確立するまでの歴史的過程については，田村[2002]第2章，春日・鈴木[2005]第4章などを参照。また，今日のアメリカにもさまざまなタイプの企業が存在する。ここで言うアメリカ型企業システムは，1990年代以降のアメリカ企業の平均的な像である。Jacoby[2005]によれば，アメリカ企業には，日本企業以上に，多様性がある。
15) 以下に論じるアメリカ型企業システムの長所と短所については，加護野[1996] pp.782-784，シェアード[1997] pp.52-57，土志田[2004] pp.14-21などを参照した。
16) エンロンやワールドコムの事件にみられるように，アメリカ企業における目先の利益の追求は，ついには不正会計事件を引き起こすに至った。アメリカ型企業統治においては，経営者への監視が厳しく行われており，日本企業はこれを見習うべきであると言われてきたが，エンロン，ワールドコムの事件は，アメリカ企業の実態がそのようなものでなかったことを，露呈した。
17) 1980年代のアメリカ経済の不振を背景として，アメリカ企業の短期志向の企業統治がイノベーション活動に悪影響を与えているという議論が，1980年代後半から1990年代初めにかけて盛んに行われた。馬場[2000]は，この諸議論を整理した上で，90年代のアメリカ経済は好景気であったが，これらの議論が提起した問題点が何ら解決されたわけではなく，日本の企業統治のあり方を考えるにあたって，日本企業の「お手本」とされることが多いアメリカ型企業統治のこうした問題点を認識しておく必要がある，と論じている。
18) とりわけ，経営者と一般従業員との報酬格差は，日本と比べると，著しく大きい。アメリカの経営者報酬は，80年代以降，傾向的に大きく増大している。田村[2002] p.60によれば，『ビジネスウィーク』誌の「役員報酬特集」は，2000年において，アメリカの大手企業365社のCEOの平均年収は13.1百万ドル（約16億円）であり，このうちトップ20人だけでみると117.6百万ドル（約140億円）である，と報じている。労務行政研究所[2006]によれば，日本企業の社長の平均年収は，従業員1000人以上規模の大手企業で，5136万円である（ただし，調査に対して回答があった16社の平均）。一般従業員の平均給与は，日米間において，さほど大きな違いはないとすれば，アメリカにおける経営者と一般従業員との報酬格差は，驚くべきものがある。アメリカ国内においても，経営者の高額報酬は，しばしば批判の対象となる。
19) この時期に，アメリカ企業の問題点を洗い出した代表的な文献に，Dertouzos et al.[1989]がある。
20) こうした主張の例は枚挙にいとまがないが，まとまった書物としては，例え

ば野口[2002a]，田村[2002]などがある．
21) 以下の二つのパラグラフについては，とくに加護野[2003] pp.206-209を参照した．
22) 持合解消の要因については，岡部[2002]第4章，宮島・原村・江南[2003] pp.220-229を参照．
23) ニッセイ基礎研究所[2004]参照．
24) 全国証券取引所[2007]参照．
25) また，事業再編にかかわる制度改革も進んだ．これは，純粋持株会社の設立・転化が解禁されたのを端緒として，1997年に合併手続きが簡素化され，1999年には株式交換・移転制度が，2001年には会社分割制度が創設された．90年代末からM&Aが急増しており，これらの制度改革が，企業の事業再構築を強く後押ししたとみられる．内閣府[2006] pp.187-188，鶴[2006] pp.146-147参照．また，近年，その他にもさまざまな点で，企業にかかわる諸制度が改正された．内閣府[2006]第2章第3節参照．
26) 長期雇用慣行が失われたわけではないことについて，詳しくは第3章第3節を参照．その注12) でも言及したように，厚生労働省[2002] pp.140-145では，平成不況下での希望退職者の募集や解雇の増加について，コーポレート・ガバナンスの変化が大きな要因となったことを示す明白なデータはなく，主として不況の長期化によるものである，と論じている．
27) 日本監査役協会の調べでは，2007年12月11日現在「委員会設置会社」を選択する企業は，上場企業72社，非上場企業38社，計110社である．ただし，この中には，制度の趣旨とは異なる目的で，当該制度へ移行した企業も含まれる．社外重役の定義が「会社の業務を執行しない取締役であり，過去において，その会社又は子会社の業務を執行する取締役，執行役または支配人その他の使用人となったことがない」となっており，大企業の本社の部長が子会社の重役になることが可能である．これを利用して「系列固め」を図ることができる．ドーア[2006] pp.88-89参照．当該制度へ移行した110社の内，19社（内2社は非上場企業）は日立製作所を含む日立グループ企業であり，14社（内13社は非上場企業）は野村証券を中心とする野村グループ企業である．なお，当該制度へ移行した企業に関するデータは，日本監査役協会ホームページ内の「委員会設置会社リスト」（http://www.kansa.or.jp./PDF/iinkai_list.pdf）を参照した．
28) 「敵対的買収 失敗続き」『読売新聞』2007年7月25日朝刊．
29) 「株主総会 経営陣圧勝」『読売新聞』2007年6月29日朝刊．
30) 新原[2003] pp.12-14．
31) 新原[2003] p.31．
32) 収益性は総資本経常利益率，安全性は自己資本比率，成長性は経常利益額の推移を中心に代表させている．新原[2003] pp.17-18．

33) キャッシュフローとは，ある期間に企業が生んだ資金と出ていった資金の収支であり，大まかには減価償却費と配当後の純利益等の合計である。キャッシュフローの範囲内で研究開発，長期投資をしていれば，借金経営にはならない。新原[2003] p.192参照。

## 第6章

# 市場主義の誤り
## ——平成不況への間違った処方箋

　市場主義は，1980年代以降の世界的な潮流である。それを代表するのが，1980年代の，アメリカのレーガン政権，イギリスのサッチャー政権であろう。また，1989年にベルリンの壁が壊され，1991年にソ連邦が解体する，つまり社会主義の崩壊という事態も，市場主義の潮流を勢いづかせる，大きな出来事であった。1990年代以降においても，アメリカ，イギリスにおいて，レーガン，サッチャーの経済政策は，基本的に引き継がれる。そして，1990年代以降，グローバリゼーションと呼ばれる市場主義の大波が，旧社会主義国を含めて，世界を覆うことになる。1997年に勃発したアジアの経済危機は，グローバリゼーションがアジア諸国に引き起こした混乱である。

　市場主義の潮流は，日本にも押し寄せた。1980年代には，財政再建，行政改革，市場の対外開放が，重要な政治的経済的テーマとなった。政府活動の削減が，大きな課題となったのである。そして，1990年代になって，平成不況下，市場主義は，よりいっそう大きな潮流となって，日本経済を揺さ振ることになる。例えば，ケインズ主義的な景気対策が厳しい批判を浴びた。あるいは，規制緩和の大合唱が起こった。あるいは，日本型企業システムの打ち壊しが唱えられた。

　市場主義を唱える人々は，市場主義的な改革を大胆に行うことが，平成不況から脱却し，日本経済をさらなる発展のステージへ導くために，是非必要なことであると言う。

　しかし，筆者は，こうした市場主義の主張は誤りであると思う。むしろ市場

主義に沿った改革は，かえって平成不況を悪化させたと考える。この点をあらためて論じることが，本章のテーマである。

本章では，新古典派経済学と，ケインズによる新古典派経済学への批判を振り返る。市場主義は，新古典派経済学を拠り所としている。従って，市場主義の経済観への理解を深めるために，そして「市場主義の誤り」をいっそう明らかにするために，新古典派の市場経済観と，ケインズによる新古典派批判とを，振り返っておくことが有益である。

本章では，まず第1節において，平成不況下での市場主義の主張を整理する。第2節では，新古典派経済学の市場経済観と，ケインズによる新古典派経済学批判とを論じる。第3節では，第2節での議論を踏まえて，平成不況下の市場主義を，第1節で整理した個々の論点に沿って批判する。第4節は，結びである。

## 1．平成不況下の市場主義

平成不況下における市場主義を，ここでは次の五項目に整理して，規定する[1]。

(1) 財政による景気拡大政策の否定

平成不況下において，公共事業の拡大，減税などによる景気対策が，毎年のように実施された。それは，90年代以降，事業規模にして累計130兆円を超える大規模なものであった。しかし，財政赤字がふくらむばかりで，景気は低迷した。このように財政による景気拡大政策は，効果がない。また，無駄な支出が多く，実際上，建設業など一部の産業への補助金と化している。それは，低生産性産業，衰退産業を温存し，資源配分を著しく非効率にしている。財政支出を削減するならば，そこから放出される資本と労働力を，高生産性産業，成長産業へ移動させ，資源配分の効率性を高めることができる。この過程で，一時的に失業者が発生するが，それは労働市場の働きを高めることで解消しうる。

財政による景気拡大政策を止めることが，一時的な景気後退は伴うものの，中長期的には，経済全体の効率性の向上，景気の回復につながるのである。また，財政による景気拡大政策が引き起こす財政赤字は，将来世代へ負担を残し，さらに財政破綻のおそれさえ生じさせている。こうした弊害を避けるという意味においても，財政支出を削減し，財政の健全化を図るべきである。

(2) 規制緩和

日本経済には，さまざまな形で数多くの政府規制が張り巡らされており，それが，市場経済の自由競争を制限している。こうした自由競争の制限は，企業の効率化・合理化への誘因を弱め，経済の効率性を大きく損ねている。また，政府規制は，新しい有望な事業への挑戦を困難にし，産業構造の転換，市場経済のダイナミズムを阻害している。このような政府規制を撤廃し，市場原理（自由競争）を徹底するならば，企業の効率化・合理化を促進し，新規事業への挑戦を盛んにし，新産業を成長させる。そして，経済の効率性の向上，消費者ニーズのいっそうの充足，景気の回復をもたらす。企業の合理化・効率化の過程において余分になった労働力が一時的に労働市場に放出されるが，そうした余剰労働力は，労働市場の働きを高めるならば，すみやかに新産業へ吸収されていく。

(3) 日本型企業システムの打ち壊し

日本型企業システムとは，長期雇用慣行，年功賃金制，従業員との協調的関係を重視した企業統治などを，その特徴とする。平成不況のなか，長期雇用慣行によって，日本企業は多くの過剰な労働者を抱えている。長期雇用慣行を廃止し，過剰な労働者を，労働市場を通じて，成長産業へ移動させる必要がある。また，年功賃金制は，企業内に悪平等を蔓延させ，従業員の勤労意欲を奪っている。成果主義賃金制度を導入し，賃金を働いた成果に応じたものにすることによって，従業員の創造性や「やる気」を刺激することが必要である。長期雇

用慣行の廃止や成果主義賃金の導入は，日本企業の共同体的な原理を打ち壊し，企業内に市場原理を徹底することになる。それによって，労働力の効率的な利用が図られるのである。また，こうした企業経営を推し進めるためには，これまでの従業員との協調的関係を重視した企業統治を，アメリカ型の株主利益重視の企業統治に大きく転換しなければならない。株主の利益を第一とし，企業がつねに高い利潤（資本効率）を追求することが，資本と労働力の効率的な利用につながる。それは，新産業を発展させ，産業構造の転換を進めることでもある。

(4) 不良債権処理[2]の加速

巨額の不良債権が，平成不況の大きな原因となっている。それは一つには，不良債権が銀行の収益を圧迫し，銀行のリスクをとる力を低下させ，いわゆる「貸し渋り」「貸し剝がし」を引き起こしているからである。円滑な経済活動に必要不可欠な銀行の金融仲介機能が，巨額の不良債権によって損なわれている。もう一つには，不良債権化した企業に，過剰な資本，労働，土地が固定化されているからである。不良債権を最終処理し，これらの非効率な利用状態にある生産要素を，生産要素が不足している高生産性産業，成長産業へ移せば，経済全体の効率性を高めることができる。不良債権の最終処理の加速は，景気を回復させ，経済成長率を高めるために，是非必要である。ところが，日本の銀行は，自力で不良債権処理を迅速に進めることができない。ゆえに，政府が銀行経営に介入し（必要ならば国有化し），不良債権処理を進める必要がある。民間企業への政府介入は，市場主義の本来とは矛盾するが，民間企業が，市場経済を構成する主体として，果たすべき機能を果たせない場合，政府介入もやむを得ない。

(5) 労働市場の整備

これまでみてきたように，市場原理の徹底は，大量の労働者を労働市場へ放

出することになる。この放出された労働者の，高生産性産業や成長産業への移動を，円滑に進めることが必要である。そのためには，労働市場の機能を高めなければならない。具体的には，職業紹介事業の充実，職業訓練制度の整備，労働者派遣業の自由化などである。こうした政策によって転職を促進することは，有効な失業対策になるであろう。労働市場の整備は，一面では政府活動を増大させることになるが，これは，転職支援という市場の機能を高めるための政策介入である。市場主義は，先の不良債権処理への政府介入の場合もそうであるが，市場の機能不全を補うものや，市場の機能を高めるものであれば，政府の役割を肯定する。

以上をまとめるならば，平成不況下の市場主義とは，次のようなものである。非効率な財政支出を削減し，政府部門を縮小する。規制緩和を行い，企業の効率性を高めるとともに，新産業を育成する。日本型企業システムを打ち壊し，株主利益尊重を第一とする。不良債権処理を加速する。こうした改革が，資本と労働力の流動性を高め，その効率的な利用を促進する。すなわち，低生産性産業から高生産性産業への，あるいは衰退産業から成長産業への資本と労働力の移動を促進する。その過程において，一時的に失業に陥る労働者が発生するが，そうした労働者は，労働市場の働きを活発化することによって，高生産性産業，成長産業へスムースに吸収される。このように政府部門を縮小し，市場経済の領域拡大と機能向上を図ることが，経済全体の効率性を高め，好景気を生み出し，完全雇用を達成することにつながる。また，このような市場原理が浸透した効率的な経済体制を作り出すために，不良債権処理，労働市場の整備など，一面において政府が積極的に関与することも必要である。

## 2．市場主義の誤り──「有効需要の原理」の再確認

前節にみたような市場主義の経済思想を批判するのが，以下の課題である。市場主義は，新古典派経済学を拠り所にしている。そこで，本節では，まず

新古典派経済学の市場経済観を整理する。そのあとで，ケインズの新古典派批判を論じる[3]。

## 新古典派の市場経済観

(1) 市場の価格メカニズムへの信頼

市場の価格メカニズムがスムーズに作動するならば，個々の財・サービス市場おいて，一時的に需要と供給の不一致が生じることがあっても，それは一致するよう，すみやかに調整される。これは，労働についても当てはまる。労働市場が正常に機能していれば，労働の価格である賃金が上下することによって，労働の需要と供給は等しくなるよう調整される。したがって，新古典派経済学の世界では，労働市場が正常に機能していれば，失業（非自発的失業）は発生しない。

(2) セイ法則（供給側の重視）

生産物を市場で売って得た所得は，消費されるか，貯蓄されるかであるが，新古典派によれば，貯蓄は，金融市場を通じて，利子率を媒介に，すべて投資される。従って，新古典派が想定する市場経済において，生産（供給）は，それと等価値の需要（消費と投資）を生み出す。すなわち，「供給はそれ自らの需要を生み出す」というセイ法則が成立する。

セイ法則が成立する世界においては，不況や失業は生じない。セイ法則の世界においては，生産すればしただけ，それに見合う需要が生まれる。生産したものは，必ず売れる。個別市場における需給の不一致は，一時的に起こりうるが，価格メカニズムの働きによって，それは直ちに調整される。セイ法則の世界は，需要圧力の強い社会，需要が旺盛な社会であって，需要不足に悩まされることはない。したがって，不況は発生し得ないし，失業者も（摩擦的な失業は別として）生まれない。

セイ法則の成立は，新古典派の貨幣観と密接不可分の関係にある。新古典派

においては，貨幣は，交換を媒介し，効率化する手段としてのみ捉えられ，それ自体の効用をもって保有される対象ではない。すなわち，貨幣の機能は，価値尺度，交換手段，価値貯蔵手段の三つに分けられるが，新古典派は，このうち，前二者の機能を認めるだけで，三番目の機能，資産としての役割を認めていない。それゆえ，所得のうち，資産として保有される貨幣はゼロであり，消費に向かうか，投資に回るか，いずれにせよ，所得は，すべて需要として市場に現れる[4]。

セイ法則が成り立つ経済においては，供給側が重視される。経済成長に必要なのは，何より供給能力の増強だからである。供給が増えれば，需要はそれに自ずとついてくる。経済の停滞は，供給能力が増えない，あるいは低下する場合に生じる。技術水準を向上させる，企業組織を効率化する，労働者の能力や意欲を高める，労働者を低生産性産業から高生産性産業へ移動させる，などによって，供給能力の増強を図ることができるが，そのために第一に必要なことは，市場競争の徹底化である。

前節で論じたように，平成不況下の市場主義は，政府支出の削減，規制緩和，日本型企業システムの打ち壊し，不良債権処理の加速などによって，大量の失業者が発生するかもしれないが，それは一時的なものであって，失業者は，高生産性産業や成長産業へ円滑に吸収されていく，と主張する。これは，まさに市場主義が，新古典派経済学に依拠し，セイ法則を前提としているからに外ならない。需要圧力の強い社会では，大量の失業者がいつまでも労働市場に滞留することは，あり得ないのである。

(3) 経済停滞や失業は市場メカニズムの機能不全によって生じる

新古典派によれば，経済停滞や失業は，何らかの理由により，市場原理が十分に働かない場合に発生する。例えば，財政支出が肥大化するならば，政府は，市場経済から生産要素（土地と資本と労働）を奪い取る。市場競争や利潤原理の圧力が働かない政府は，それら生産要素を非効率的に利用するであろう。そ

れゆえ、政府支出の肥大化は、経済全体の供給能力を低下させ、経済成長率の下落、経済停滞をもたらす。あるいは、政府規制によって市場競争が制約されるならば、非効率な企業でも存続することが可能となる。この場合も、供給能力がそれだけ低下し、経済が停滞する。あるいは、労働組合の力により、賃金が高い水準で硬直化するならば、労働市場において供給が需要を上回り、失業が発生する。したがって、新古典派にとっては、政府活動を縮小し、市場原理を貫徹することが、最も重要な景気対策であり、失業対策である。第一の例で言えば財政支出を削減すること、第二の例で言えば政府規制を撤廃すること、第三の例で言えば賃金を引き下げることが、政策的に必要なのである。

このような新古典派の市場経済観を厳しく批判したのが、言うまでもなく、ケインズである。われわれは、ケインズの新古典派批判を、あらためて見ておくことが必要である。

### ケインズの新古典派批判
(1) 有効需要の原理

ケインズは、「セイ法則」を否定し、「有効需要の原理」を唱える。ケインズによれば、市場経済をリードしているのは、供給側ではなく、需要側である。なぜならば、人々が財・サービスを購入してくれなければ、それらを供給(生産)しても無駄におわるからである。したがって、需要の総額、すなわち総需要が、供給の総額、すなわち総供給を生み出すのである。一時的に過剰生産や過小生産がみられても、それらは、総供給が総需要に自らの大きさを合わせることによって、解消される。このように経済活動の規模(生産水準)を決めるのは総需要であるというのが「有効需要の原理」である。「有効需要の原理」によれば、総需要が増えれば、生産が増大し、景気がよくなる、失業者も減る。逆に、総需要が減ると、生産が減少し、景気が悪くなる、失業者も増える。

ケインズは、不況期においては、景気を回復させるために総需要を拡大することが必要であると主張した。そして、総需要拡大の手段として金融政策と財

政政策を提唱した。

　セイ法則が新古典派の貨幣観と密接不可分の関係にあったように,「有効需要の原理」は,ケインズの貨幣観と密接不可分の関係にある。ケインズは,貨幣に,資産としての機能も認めた。ケインズにおいては,貨幣は,単に交換を媒介し,効率化するためだけの手段ではなく,それ自体の効用をもって保有される対象である。つまり,貨幣に,価値尺度,交換手段としての機能だけでなく,価値貯蔵手段としての機能も認めた。そうすると,人々の所得は,すべて需要として市場に現れるとは,言えなくなる。所得のうち,一部の貨幣は資産として保有され,需要として財・サービスへ向かわないからである。こうしてセイ法則は否定される。ケインズは人々が貨幣を資産として保有することを「流動性選好」と呼んだが,「流動性選好」がセイ法則の成立を妨げ,需要の不足,すなわち不況を生み出すのである。「流動性選好」が「有効需要の原理」の根本にある[5]。

### (2) 新古典派的政策論への批判

　「有効需要の原理」の立場からは,景気回復を目指す経済政策の評価は,それが総需要の増大に資するかどうか,という点から判断される。そして,「有効需要の原理」の立場からは,政府活動を削減し,市場原理を貫徹する,という新古典派の政策論は,総需要を縮小させるものであり,不況期の景気対策としては,批判されるべきものである。例えば,財政支出を削減すれば,それはただちに,総需要の縮小を意味する。あるいは,後に述べるが,規制緩和も総需要を縮小させるおそれが大きい。あるいは,新古典派の失業対策である賃金の引き下げも,労働者の所得を減少させ,消費需要の縮小につながる。不況期に,このような総需要を縮小させる政策を行えば,景気はますます悪化し,失業者がさらに増大する。こうした新古典派の政策論に対してケインズは,不況期には,政府は金融政策,財政政策を活用し,総需要の拡大を図るべきである,と主張した。不況期には,政府は積極的に市場経済に介入し,その活動を拡大

しなければならない，というのがケインズの立場である。

ケインズの新古典派批判は，正鵠を射ていると思う。ただし，新古典派が全く間違っているという訳ではない。重要な点は，好況期には新古典派的な経済政策の必要性が高まり，不況期にはケインズ的な景気対策が必要となる，ということである。好況期には，旺盛な需要を充足させるために，供給能力を高めなければならない。ゆえに，供給能力の増強を重視する新古典派的な経済政策が求められる。逆に，不況期には，供給能力に対して需要が不足しており，需要を増やさなければならない。ゆえに，総需要の拡大を重視するケインズ的な経済政策が求められる。しかし，不況期に，新古典派的な政策を推し進めることは，不況をさらに悪化させる間違った政策運営と言わざるを得ない[6]。

## 3．平成不況下の市場主義の誤り

次に，前節での議論を踏まえて，平成不況下の市場主義を，第1節で整理した個々の論点に沿って，批判する。

(1) 財政による景気拡大政策はもはや不要か
市場主義は，財政による景気拡大政策を激しく批判する。その論点は，次の四つに整理できるであろう。
① 景気回復効果をもたない。
② 無駄な財政支出が多い。
③ 財政赤字が将来世代への負担になる。
④ 財政赤字の累積が財政破綻を引き起こす。
まず①についてであるが，この問題は第2章第2節(3)で論じた。詳しくは繰り返さないが，その要点は次のようであった。景気回復効果をもたないという批判の論拠は，平成不況下において，繰り返し大規模に財政による景気対策が行われたにもかかわらず，景気は低迷を続けた，という点にある。しかし，景気が低迷を続けたという結果から，財政による景気対策に効果がなかったと

第6章　市場主義の誤り——平成不況への間違った処方箋　135

いう結論は導けない。もしも財政による景気対策を行わなければ，景気はさらに悪化したと考えられるからである。財政による景気対策に景気を下支えする効果があったことは，間違いない。

②の批判は，たしかに財政による景気拡大政策の重要な問題点である。財政支出の無駄は，なくさなければならない。そして，無駄な財政支出の例は，枚挙に暇がない。しかし，単に無駄を削る，財政支出を減らす，というだけでは，総需要を縮小させ，景気を悪くするだけである。財政支出の内容を，無駄なものから，社会的に有用なものにかえていくことが，必要なのである。環境，福祉，都市問題，景観，治安など，整備すべき社会的基盤はいろいろある。財政の効率化を図ることは必要であるが，ただ支出を切り詰めることだけを考えるのではなく，社会的に有用なものを積極的に作り出していくことが，大切である。

③の問題は，いささか込み入っている。要点だけ，簡潔に述べたい[7]。財政赤字は，将来世代が税金で返さなければならないので，将来世代への負担になる，と言われる。しかし，財政赤字は将来世代に負担のみを残すものではない。公債を財源に有用な社会資本を作るのであれば，将来世代に資産を残す。また，財政赤字の将来世代への負担にかんしては，一般に誤解がある。国家財政の赤字は，家計の赤字とは性質が異なり，将来世代に借金（債務残高）と同額の金融資産（債権残高）を残すので，その意味では（全体的には）将来世代への負担は生じない[8]。ただし，将来世代のなかでの，納税者から公債保有者への，所得の再分配が必要になる。この再分配に伴い，重税が勤労意欲を低下させる，再分配が社会的な摩擦を引き起こす，などの問題が発生するおそれがある。これが，財政赤字が将来世代へ残す負担である。さらに，財政赤字の残高が巨額にのぼれば，やがては，財政破綻という破滅的な事態が生じる危険がある。これが，次の④の問題である。

④の論点は，今後ますます重要かつ深刻になってくる。たしかに日本の財政は，このままいけば財政破綻の危険がある。中央政府と地方政府を併せた長

期債務残高の対GDP比率は，平成不況下において，上昇の一途をたどり，平成19年度末には，GDPの約1.5倍になると推計されている（財務省ホームページ）。このままのペースで債務残高の対GDP比率が増大すれば，いずれ財政が破綻することは明らかである。中長期的には，財政赤字の縮小を図らなければならない。ただし，確認しておきたいことは，債務残高の大きさ，それ自体が問題なのではない，ということである。国家財政の場合，個人の借金とは異なり，赤字は，借換を繰り返すことによって，永遠に次世代へ先送りすることができる。重要なことは，債務残高を縮小することではなく，財政赤字を維持可能なものにすることである。

財政による景気拡大政策，それに伴う財政赤字には，景気を支えたり，社会資本の蓄積（それは将来世代へ受け継がれる）を進めたり，という効用がある。しかし，他方で，（先に述べたような意味で）将来世代へ負担を残し，はては財政破綻の危険を招く，という弊害がある。今日のように，債務残高が巨額になれば，中長期的には，財政赤字を縮小する努力が必要であろう。しかし，財政赤字の削減を性急に求めるならば，橋本政権，小泉政権がそうであったように，景気の悪化を招く。重要なことは，財政赤字の削減それ自体ではなく，財政赤字を維持可能なものにすることである。今後，景気対策と財政再建の両方に配慮しつつ，慎重な政策運営が望まれる。財政政策は，難しい舵取りを強いられるであろう。そして，この政策運営をうまく進めていくためには，財政支出の中身の見直しを進めていくことが不可欠であろう。

ただし，不況が深刻で，デフレが発生している場合，景気対策に重点を置くべきである。なぜならば，デフレの場合には，日銀が国債を買うことに消極的である必要はないからである。日銀が安易に国債を買うことが戒められてきたのは，高率のインフレを引き起こす危険があるからである。それは逆に言えば，デフレである限り，国債購入を拡大する余地があるということである。そして，日銀が国債を購入すれば，その分，国債償還の問題は解消される。従って，政

府は，デフレの場合には，財政赤字の拡大を過度におそれずに，景気対策を打つべきである[9]。この点で，小泉政権下（とくに前半）の財政運営は，緊縮的に過ぎたと考える。

### (2) 規制緩和は景気回復に有効か

　第2章第2節(5)において，市場主義の規制緩和論が，政府規制を廃止することに関心を偏らせていることを批判した。もう一つ，市場主義の規制緩和論の問題点は，規制緩和を短期的な景気対策として論じていることである。景気回復のためには規制緩和が必要というのが，市場主義の主張である。

　しかし，規制緩和は，市場競争を徹底し，企業の合理化・効率化を促進し，供給能力を高めるための政策である。総需要を高めるための政策ではない。むしろ，不況下においては，総需要を縮小させるおそれが大きい。なぜならば，規制緩和による市場競争圧力の強化は，企業倒産を増大させ，失業者を増やすからである。あるいは，企業倒産に至らないまでも，労働者の解雇や雇用不安，賃金低下を引き起こすからである。それは，消費需要を縮小させるであろう。

　規制緩和は，供給能力を増加させる。その一方，総需要を縮小させる可能性が大きい。しかし，不況は，供給能力に比べて，総需要が不足することによって生じる。そうした不況期に，供給能力を増加させ，総需要を低下させる政策をとれば，需給ギャップがますます拡大し，景気をさらに悪化させる[10]。規制緩和を短期的な景気対策として使うことは，その効果が疑問視されるだけでなく，景気回復に却ってマイナスの効果をもたらす危険がある。

　ただし，規制緩和が新規事業の発展につながるのであれば，それは，人々の潜在的な欲求を掘り起こし，新しい需要を生み出すことになる。通信の規制緩和がもたらした携帯電話の普及は，その代表的な例である。規制緩和が中長期的な経済成長に及ぼすプラスの側面を，見落としてはならないだろう。しかし，魅力的な新商品が登場しても，消費者が，他の商品への支出を減らして，その新商品を購入するのであれば，全体として需要は増えない[11]。実際，若者た

ちは，他の支出（例えば，漫画週刊誌への支出）を切り詰めて，携帯電話への支出に回している，と言われる[12]。魅力的な新商品を生み出すだけでは，景気の押し上げに十分ではない。

### (3) 日本型企業システムを壊すべきか

　日本型企業システムを解体し，アメリカ型の企業システムを導入すべきである，と市場主義は主張する。この主張に対しては，これまでの諸章において縷々批判したので，ここでは繰り返さない。要するに，平成不況下においても日本型企業システムの長所は失われてはいない。日本型企業システムを打ち壊すならば，その長所と，それが生み出す高い国際競争力とが失われる。日本型企業システムを解体することは得策とは思えない，ということである。

　ただ，ここでは，次のことをあらためて述べておきたい。それは，日本型企業システムは雇用を安定させ，賃金の将来的見通しを安定させることによって，消費需要を支える機能を果たしてきた，ということである。平成不況のなかでこの機能が揺らいでいるが，もしもアメリカ型企業システムを導入するならば，さらに解雇が増大し，雇用不安が高まり，賃金が不安定化する。その結果，消費需要は縮小し，景気はますます悪化するであろう。日本型企業システムには景気を安定化する機能があることも，忘れてはならない。

### (4) 不良債権処理を急ぐべきであったか

　近年の景気回復の後押しを受けて，不良債権問題は改善が進み，ようやく正常化しつつある。しかし，不良債権処理を急がせる必要があったのだろうか。

　不良債権処理を急ぐべきであるという主張がその論拠とした一つは，巨額の不良債権の存在が銀行の金融仲介機能を低下させている，つまり「貸し渋り」「貸し剝がし」を引き起こしている，というものである。しかし，90年代において，97年秋から98年にかけての金融危機[13]時を除いて，「貸し渋り」「貸し剝がし」が景気停滞の大きな原因になったとみることは難しい[14]。銀行の貸

し出しが減っている主因は，総需要が不足するなかで，企業の資金需要が停滞していたからである[15]。優良な投資機会が少ないので，企業が銀行から資金を借りようとしなかったのである。したがって，不良債権を処理しても，それによって銀行貸し出しが増え，景気がよくなったと考えることはできない。

また，不良債権を迅速に最終処理し，非効率な利用状態にある生産要素（資本，労働，土地）を，高生産性産業や成長産業へ移動させるならば，経済効率が高まり，景気も回復すると，市場主義は主張した。しかし，そのようにうまく事は運ばないだろう。総需要の不足が，平成不況を引き起こしているのである。事業拡大を見込める企業は少ない。したがって，新たに生産要素を需要する企業は少ない。そうであれば，生産要素の高生産性産業や成長産業への移動は，進まないであろう。つまり，不良債権の最終処理は，企業倒産と失業者を増やす，というだけの結果に終わる。

むろん返済不能になった債権を最終処理すべきことは，当然である。しかし，不良債権のなかには，返済不能になる懸念がある債権も含まれる。実際上，これらの債権が本当に返済不能になるかどうかの判断は難しい。景気の動向，企業の経営努力などによって，不良債権が健全債権になることもある。また逆に，健全債権が不良債権になることもある。そうであれば，不良債権の最終処理を急がせることは，倒産させる必要がなかった企業まで倒産させてしまう，そうした危険を大きくするのである[16]。

また，不良債権処理を急がせることは，銀行の自己資本比率を低下させ，「貸し渋り」「貸し剝がし」を引き起こす。つまり，却って銀行の金融仲介機能を低下させてしまうのである[17]。

このように，不良債権処理の加速は，ますます景気を悪化させた。不良債権処理を急ぐべきではなかったのである。

(5) 労働市場の整備で失業問題は解決するか

これまでみてきたように，財政による景気対策の否定，規制緩和，日本型企

業システムの打ち壊し，不良債権処理の加速など，市場主義の政策は，大量の失業者を生み出す。これに対して，市場主義は，労働市場を整備することによって，すなわち職業紹介事業や職業訓練制度の充実などによって，高生産性産業や成長産業への労働者の移動を，有効に支援することができるという。しかし，総需要が不足している不況下において，転職は円滑に進まないであろう。増大する失業者に比して，失業者を吸収できる新たな職場が足りないからである。つまり，労働市場において，労働力の供給量は増えるのに，需要量は増えない，むしろ減るからである。また，労働者が一度身に付けた技能（これには人間関係も伴う）を放棄して，全く別種の職業に就くことは，実際にはそう容易なことではない。それが中高年の労働者であれば，なおさらである[18]。

　もちろん，労働市場を整備し，転職を支援することは，必要な失業対策の一つである。しかし，それは根本的な解決策にはなり得ない。景気が悪ければ，その効果は，限られたものでしかないであろう。

## 4．結　び

　大規模な失業，企業が抱える過剰雇用，過剰設備，これらは平成不況が総需要の不足によって生じたことを示している。だが，市場主義は，平成不況の処方箋として，市場原理を徹底させ，供給能力を増強することを唱えた。市場主義は，供給能力を増強すれば，それに伴って，自ずと総需要は拡大すると，考えている（セイ法則）。しかし，そのような経済政策は，総需要の拡大にはつながらない。却って，総需要を縮小させる。総需要の不足によって不況が生じているのに，総需要を縮小させるような経済政策は，見当違いであり，有害である。市場主義は，平成不況を悪化させた。

　現在（2007年12月現在），息の長い景気回復が続いている。しかし，第2章第2節(8)で論じたように，今回の景気回復は輸出の増加を主因とするものであり，市場主義の経済政策の結果ではない。輸出の増加に助けられなければ，今回の景気回復は生じなかったであろう。平成不況に対して特効薬があったわ

けではない。しかし，市場主義の影響を排していれば，景気のいっそうの悪化を防ぐことはできたのである。

## 【注】

1) 以下の整理については，松原[2003]第1章が参考になった。小泉政権の構造改革論は，市場主義の性格を色濃く帯びている。松原[2003]第1章は，構造改革論の特徴を詳しく分析している。
2) 不良債権処理には，間接償却と直接償却とがある。間接償却とは，貸倒引当金を積んで会計上の処理を行うことであり，直接償却とは，不良債権を銀行のバランスシート（貸借対照表）から消してしまうことである。小泉政権は，不良債権の直接償却（最終処理）の加速を方針とした。
3) 本節については，小野[1994]，小野[1998]（とくに第1章）が参考になった。
4) 以上の二つのパラグラフについては，伊東[1962] pp.136-140を参照した。
5) このパラグラフについては，伊東[1962] pp.136-140を参照した。また小野[1994][1998]は，「流動性保有願望」（蓄財欲）を軸に，ケインズの不況理論の再構築を試みている。なお，小野のいう流動性とは，貨幣にかぎらず資産全体が生み出すものである。
6) ただし，不況期であっても，インフレ圧力が強い場合，すなわちスタグフレーション下においては，新古典派的な政策対応が必要になるだろう。スタグフレーションは，弱体化した供給側に対して需要が過大である場合に生じるからである。一方で供給能力を高め，他方で需要を抑えることが必要になる。1980年代に，レーガン，サッチャーが市場主義的な経済政策を行ったのであるが，アメリカ，イギリスは，1970年代以来，スタグフレーションに悩まされていた。市場主義に肯定的な人々は，しばしばレーガノミックスやサッチャリズムの成果をもてはやすが，それらが行われた経済環境は，ディスインフレさらにはデフレを伴った平成不況下の日本とは，大きく異なるのである。
7) このパラグラフについては，小野[2001]第3章，第4章が参考になった。
8) ただし，公債が，外国人に買われる場合，将来世代（将来の日本国民）に残す債務残高は，債権残高より大きくなる。しかし，これまでのところ，日本国債は，ほとんど国内消化されている。また，公債発行には，クラウディング・アウト（民間の経済活動を押しのける）という問題が発生するおそれがある。クラウディング・アウトが発生すれば，その分，将来世代に負担を残すが，平成不況下のような状況，すなわち超金融緩和，過剰設備，大量の失業者の存在という条件下においては，クラウディング・アウトは発生しない。
9) 筆者は，極端な金融緩和によって（1〜3％程度の）マイルドなインフレを

発生させるべきであるという，インフレ・ターゲット論には与しない。デフレからマイルドなインフレを起こすというような物価のコントロールがはたして首尾よくいくものか，疑問を抱くからである。ただし，デフレが発生している場合には，金融緩和を拡大する余地がある。つまり，日銀が国債買い入れを増やす余地がある。本文でも述べたように，日銀の安易な国債購入が禁じられてきたのは，高率のインフレにつながるおそれがあるからである。デフレの場合には，日銀が国債購入に抑制的である必要はない。こうした金融緩和によって，もしもインフレが発生するならば，その時は，インフレ・ターゲット論者も言うように，しかるべき政策手段によって，高率のインフレを避けることは可能であろう。なお，インフレ・ターゲット論を主張する代表的な文献に，岩田[2001]がある。

10) この点に関して，野口・田中[2001] p.72が，明快に図解している。
11) 松原[2003] pp.98-99参照。
12) 松原[2003] pp.99参照。
13) この金融危機の原因としても，市場主義の影響を指摘することができる。平成不況下において，金融ビッグバンの推進に表れているように，市場主義的な考え方が，金融分野においても，潮流となっていた。しかし，金融危機を未然に防ぐ，あるいはその波及を最小限に止めるための政策は，公的資金投入による銀行救済等，市場主義に相反する。それゆえ，金融危機への政策対応，金融安定化政策の整備が遅れ，金融危機を招いた。山家[2001] pp.34-36参照。
14) 例えば，吉川[1999] pp.53-59, pp.79-85を参照。日銀短観（日本銀行「企業短期経済観測調査」）の「資金繰り判断DI」と「金融機関の貸出態度判断DI」の動きも，こうした見方と整合する。
15) 例えば，Koo[2003]を参照。
16) このパラグラフについては，山家[2001] pp.42-46を参照した。
17) 山口[2002]第2章，第3章は，不良債権処理を急ぐ金融庁の政策が，不況を深化させるプロセスを論じている。そこでは，ペイオフ解禁の問題点や，金融庁の金融検査が中小企業の経営実態に即していないという問題も，指摘されている。
18) 他業種への転職の難しさ及び雇用流動化政策の問題点については，野口・田中[2001] pp.130-142を参照。

# 第Ⅲ部

# 混合経済体制論

# 第7章

# 混合経済体制論

　混合経済体制とは,「市場経済を基本としつつも,政府が大規模かつ積極的に市場経済に介入する経済体制」である。市場経済に政府介入をミックス（混合）したという意味で,混合経済体制と呼ばれる。英語では, mixed economic system あるいは mixed economy などと言う。無論,この英語を,日本語に翻訳したものが,混合経済体制という名称である。

　混合経済体制は,第2次大戦後,先進諸国において確立された。混合経済体制は,現代世界の経済体制の主流である。今日,先進諸国は,いずれの国も混合経済体制を形成している。また,多くの開発途上国も,混合経済体制であるか,あるいは,しっかりとした混合経済体制を築くことが,その課題となっている。

　本章の目的は,主に20世紀以降の経験に基づき,混合経済体制の特質と意義と課題とを,論じることである。ただし,議論の対象となるのは,主に先進国である。本章の基本的な議論は開発途上国にも当てはまると考えるが,開発途上国は本書では扱い切れない基礎的な次元での困難を抱えている[1]。

　以下では,まず,次の第1節で,混合経済体制の中核を構成する市場経済の意義について考える。市場経済は経済発展にとって不可欠の経済システムであると同時に,個人的自由の基礎条件であることを論じる。

　第2節では,政府の役割について考える。市場経済は,第1節で論じられるように優れた長所をもった経済システムであるが,市場経済だけでは経済はうまくゆかない。市場経済には弊害（市場の失敗）もあり,この弊害を修正ない

しは緩和する仕組みを経済のなかに組み込まなければならない。今日，そうした機能を果たす重要な制度として，政府が存在する。すなわち，混合経済体制であることが，現代経済では不可欠なのである。しかし，政府がどのような役割を果たすべきか，試行錯誤が続いている。本節では，20世紀，とくに第2次大戦後の，混合経済体制の歴史を振り返り，そこから政府の役割についてどのような示唆が得られるかを考える。

第3節では，混合経済体制の多様性について論じる。各国の経済体制は，今日，混合経済体制という点で共通の性格をもつのであるが，しかし，同じ混合経済体制といっても，国によってその特質は異なる。日本には日本なりの混合経済体制があり，アメリカにはアメリカなりの混合経済体制があり，ドイツにはドイツなりの混合経済体制がある，ということである。これに対して，現代世界には，アメリカ型経済システムが最も優れた経済体制であるという考えの下，各国の経済体制をアメリカ型に収斂させようとする，強力な潮流が存在する。この潮流に抗して，混合経済体制の多様性を守るべきである，というのが本節の主張である。第4節は，結びである。

## 1．市場経済の意義

言うまでもなく，資本主義対社会主義という問題が，20世紀を騒がせた大きなテーマであった。そして，社会主義の崩壊という事態を前に，われわれが20世紀から得た大きな教訓の一つは，市場経済を利用しなければ経済発展できない，ということである。市場経済を否定した社会主義は，経済発展に成功しなかった。市場経済を使わずに，経済発展した国は存在しないのである。

ただし，よく言われる，「資本主義と社会主義とが戦って資本主義が勝った」という言い方は，不正確である。次節で論じるように，戦後の資本主義は，政府が大規模に介入し，純粋な資本主義とは言えなくなった。つまり，資本主義は混合経済体制化したのであり，戦後において戦ったのは混合経済体制と社会主義であった。そして，混合経済体制が勝ち残ったのである。そこから得ら

れた教訓は，市場経済を経済活動の中核として利用するのでなければ経済発展はできない，ということと，市場経済には政府活動の補完が必要である，ということである。

政府活動の問題は次節に回すとして，ここでは，市場経済と経済発展との関係を考えてみたい。なぜ市場経済を使うことが，経済発展にとって不可欠なのだろうか。この点を，社会主義との比較において，論じてみよう。

まず第一点として，市場経済と社会主義とを，知識の利用という点において，比較検討する。この議論は，ハイエクが提起したものである[2]。

そこで，まず，ハイエクの理論を論じる前に，なぜハイエクの理論を取り上げるのかについて，一言述べておきたい。市場経済の利点を説くとき，通例，「市場の価格メカニズムがパレート最適をもたらす」という新古典派経済学の説明に依拠する。この新古典派的説明は，市場経済の一側面を精緻に描き出してはいる。しかし，市場経済の説明としては，これで十分とは，とても言えない。というのは，そこにおいては，諸財の初期存在量や企業の技術水準や消費者の選好を所与とする，短期的な経済が想定されているからである。短期的な経済の均衡状態に関心を集中させるのが，新古典派経済学である。しかしながら，現実の市場経済は，諸財の初期存在量も企業の技術水準も消費者の選好も変化する，長期的な過程のなかにある。新古典派経済学は，こうした長期的な過程を描くものではない。そして，市場経済がこれまでに達成してきた成果を考えるならば，市場経済の最も本質的な特徴，最も重要な側面は，長期的な動態のなかにこそある。この長期的な動態のなかにおいて，市場経済の利点を捉えるために，ハイエクの理論は有益である。

さて，社会主義経済は，企業，労働者の経済的自由を認めず，中央政府が，経済全体を計画・管理・統制する経済システムである。そのために，中央政府（計画当局）は，社会全体に散在する経済知識（企業の生産技術，消費者の好みに関する知識など）を，収集し，集中化する。

しかしながら，このような経済システムでは，人々のもっている知識を有効

に利用することはできない，とハイエクは言う。それは，社会全体に散在し，人々が分散所有している知識を，一箇所に集中化することは，土台無理な話だからである。

ハイエクによれば，知識には二種類ある。一つは，科学的知識である。この種の知識は，明示化が可能であり，したがって伝達も容易である。今日，科学的知識のみが重要視される風潮があるが，しかし，もう一種類の知識がある。それは，「ある時と場所における特定の状況についての知識」(the knowledge of the particular circumstances of time and place) である。これは，それぞれの職場に特有の知識であり，技能や「わざ」，職業的勘などと言われるものが，これに含まれる。この種の知識は，明示化が困難であり，したがって伝達が容易ではない。

ハイエクは，現実の経済においては，絶えず変化が生起することを強調し，変化にいかに対処するかが，重要な課題なのである，と言う。そして，この課題を日々こなしているのが，「特定の状況についての知識」である。この意味で，「特定の状況についての知識」は，一般に考えられているより，ずっと重要なものである，とハイエクは言う。

経済環境は常に変化し，そうした不確実な状況のなかで，企業に働く人々は，顧客へのサービス，品質の向上，コストダウン，新技術・新製品の開発，新市場の開拓などに努力している。ハイエクが言うように，そこにおいて，「特定の状況についての知識」が果たす役割は，決定的に重要である。

しかし，「特定の状況についての知識」は伝達が容易ではない，つまり集中化に馴染まない。また，経済環境に不断に生じる変化を，中央政府が，逐一把握することは不可能である。こうした理由から，社会主義経済システムにおいて，人々が分散所有している知識を有効に利用することは，本来的に不可能なのである[3]。

人間の理性には，社会に散らばっている知識の全体を，くまなく把握し，統合化し，有効利用することなど，できない相談である。人間の理性には，その

ような「超人的な」能力は備わっていない。社会主義は、そうしたことが可能であるという錯覚の上に、構築された。こうしてハイエクは、社会主義とは「理性の思い上がり」が生み出したものである、と言う。

一方、市場経済においては、企業、労働者、家計など各経済主体に、経済的自由が認められている。そして、各経済主体は、自らの有する知識を自由に利用することができる。各経済主体の知識を最もよく知っているのは、その当の経済主体である。であるならば、各経済主体に、それぞれの有する知識を、自由に利用させる方が、その利用の仕方を中央政府に委ねるより、はるかに有効である。これはとくに、「特定の状況についての知識」について妥当するであろう。社会全体に散らばり、各経済主体に分散所有されている知識は、中央政府に集中化するなどという無理なことをせず、現場において、各経済主体に自由に使わせる方が、はるかに効率的なのである。ここに、市場経済の社会主義経済に対する、知識の利用という点での優位性が存在する。これが、ハイエクの主張である。

ただし、経済的自由を認め、各経済主体がばらばらに意思決定するならば、経済全体としての整合性が保てるのか、という問題が、市場経済には生じる。すなわち、各財への需要と供給との乖離は、どのように調整されるのか、という問題である。これに対する一つの解答は、お馴染みの価格メカニズムの働き、である。一定の法則に従って価格が動くことによって、需要と供給の不一致が調整される、という議論である。たしかに市場経済には、一面において、こうした自己調整的な働きが内蔵されている。しかし、この価格メカニズムの働きは、現実の市場経済において、十全なものであるとは言えない。すなわち、価格の働きによって、需要と供給の不一致が、必ずしもすみやかに調整されるとは限らない。それどころか、しばしば、需給の不一致がいっそう大きな需給の不一致を引き起こす、というような不安定な動きをするのが、市場経済である。それゆえに、市場経済には、景気変動が付きものである。したがって、現代経済では、景気変動という一種の「市場の失敗」を緩和することが、政府の重要

な役割の一つと位置づけられている。こうした問題は，次節で扱う。

次に第二点として，市場経済と社会主義とを，経済システムに働くインセンティブという点において，比較検討する。社会主義経済においては，企業は国有化され，各企業の役割は中央政府の指令を忠実に実行することであり，各企業に経済的自由は認められなかった。また，それゆえに当然のことであるが，企業間の自由競争も存在しなかった。こうして，社会主義における企業は，市場経済における企業とは，名称は同じ企業でも，まったく性格の異なる存在であった。市場経済においては，経済的自由が認められ，自由競争が行われる。したがって，市場経済における企業は，自己の責任において，リスクを引き受け，不確実な未来へ向けて果敢にチャレンジする。また，市場経済における企業は，他社との激しい競争のなかで，弱肉強食，食うか食われるか，という厳しい状況を戦い抜かなければならない。しかし，経済的自由や自由競争が存在しないという制度上，社会主義における企業は，そうした性格をまったくもたない。そのようなインセンティブが，働かないのである。

市場経済では，本人の能力と努力次第で，高い収入，豊かな生活が得られる。新しいことにチャレンジすれば，成功を手にできるかもしれない。リスクを覚悟した冒険へのインセンティブ，あるいは，努力しなければ勝てない，怠けていれば後れをとる，というインセンティブが，絶えず働いている。

市場経済における，経済的自由や自由競争は，経済発展の原動力である。自由に発揮される創意工夫，努力すれば豊かになれるという動機づけ，競争がもたらすプレッシャー，そうしたなかで，さまざまな魅力的な商品が開発され，技術が目覚ましく進歩する。一方で，経済的自由や自由競争が存在しない社会主義経済システムは，停滞せざるを得なかったのである。

もう一点，社会主義との比較において，市場経済の長所である，重要な問題がある。それは，「自由」との関連である[4]。市場経済においては，経済的自由が認められているのであるが，実は経済的自由は，言論，出版，学問など，さまざまな面での自由の基礎条件なのである。自由に財を調達できる市場が存

在しなければ，言論の自由にせよ，学問の自由にせよ，何の自由にせよ，保証され得ない。例えば，言論の自由が現実において保障されるためには，集会場や印刷機や用紙などが，自由に利用できるのでなければならない。市場経済においてならば，それは可能であるが，社会主義におけるように，中央政府が財の生産・配分の権限を一手に握っているならば，それは不可能である[5]。

市場経済は，さまざまな面におけるわれわれの自由な活動の物質的基礎を提供しているのである。市場経済を否定するならば，個人の自由は，経済的側面においてだけでなく，あらゆる面において失われる。現に社会主義においては，経済的自由が存在しなかっただけではなく，言論，出版，学問等々の自由も存在しなかった。それは，単に指導者の政治姿勢とか，人格とかに帰せられるもの[6]ではなく，社会主義という経済システムが基本的に孕んでいる問題なのである。

ただし，市場経済はさまざまな自由の基礎条件，つまり必要条件であるが，十分条件ではない。市場経済が存在するならば，必ずあらゆる面において個人の自由が保障されるとは言えない。一方で市場経済が行われ，他方で言論などの自由が制限されるということは，開発途上国においてしばしば見られる。

また，市場経済が引き起こす貧富の格差があまりにも大きく，貧困層において最低限の生活条件も備わっていないという場合，自由であることが，実質的な意味を失うであろう。市場経済に政府が介入し，万人に最低限の生活条件を調えることは，意義ある自由社会を築くために必要なことである。この意味でも，市場経済だけで，個人の自由がよく保障されるとは，言い得ない。

## 2．政府の役割

前節でみたように，市場経済は，経済発展を促進すると同時に，個人的自由を保障する基礎条件である，という長所をもっている。しかし，市場経済だけでは経済はうまくゆかない。市場経済は，一方で，さまざまな弊害を伴うからである。すなわち，「市場の失敗」という問題がある。「市場の失敗」とは，景

気変動，公共財の不足，外部効果，分配の不平等，独占・寡占など，市場経済が引き起こす弊害のことである。市場経済には，このようなさまざまな欠陥があるのであり，市場経済は，それだけで円滑に機能しうるものではない。

したがって，経済をうまく機能させるためには，「市場の失敗」を修正ないしは緩和する必要がある。市場経済の足りない点を補完する仕組みが，経済には必要なのである。今日，この補完の役割を担っている重要な組織が，政府である。現代の先進諸国経済において，政府は，「市場の失敗」を修正ないしは緩和するため，種々の手段によって，かなりの規模で，市場経済に介入している。つまり，混合経済体制を形成している。

混合経済体制が先進諸国に定着したのは，第2次大戦後のことである。これを推し進めた要因として，とくに大きな役割を果たしたのが，ケインズ主義と福祉国家思想である。第2次大戦後，先進各国において，ケインズ政策（総需要管理政策）によって景気変動を緩和すること，そして福祉政策によって分配の不平等を縮小することが，政策目標となった。このような体制転換の背景には，1930年代の世界大恐慌の経験がある。世界大恐慌によって市場経済の危険性が痛切に理解され，市場経済への政府介入の必要性が，広く認められるようになったのである。

混合経済体制化を端的に示す指標は，「一般政府総支出の対 GDP 比」や国民負担率（租税および社会保障負担の対国民所得比）の動きである[7]。この指標で測った先進諸国の政府規模は，基本的な趨勢として，20世紀において，1970年代まで，拡大を続けた。1970年代以降，この傾向にある程度ブレーキがかかるが，これについては，少し後に述べる。また，政府支出の対 GDP 比を高めた最も大きな要因は，社会保障費の増大である。すなわち，混合経済体制化を推し進めた最大の要因は，福祉国家化である[8]。

混合経済体制は，大きな成功を収める。1950年代，60年代に，先進諸国は，未曾有の高い経済成長を達成した。また，この時期は，インフレ率も，失業率も，低かった。戦前と比べて，所得分配の平等化も進んだ。人々の生活水準は，

富裕層から貧困層まで，全体として持続的に上昇したのである。こうした大きな経済的成果をもたらした要因の一つが，混合経済体制化であった[9]。

　しかし，1970年代になると，混合経済体制は，行き詰まりを見せる。先進諸国は，インフレと経済停滞とが同時に起こる，「スタグフレーション」に見舞われることになるのである。そうしたなかで，政府が大きくなったことに伴う，さまざまな弊害が問題とされるようになった。すなわち，「政府の失敗」が問われることになった。例えば，ケインズ主義は，インフレーションや財政赤字の原因として，槍玉に挙げられた。福祉政策は，勤労意欲の喪失，企業活動の停滞などを招いたとして，攻撃された。また，国有企業をはじめとした，公的部門の非効率も，指弾された。こうして1970年代に「大きな政府」への批判が盛んになった[10]。

　こうしたなかで台頭してきたのが，新自由主義である。新自由主義は，「大きな政府」を批判し，「小さな政府」への復帰を唱えた。新自由主義によれば，政府の役割の肥大化が，市場経済の活力を衰弱させてしまったのである。ゆえに，政府の仕事を大幅に縮小し，市場経済の機能を十分に発揮させることが，経済を健全に発展させるために，必要なことである。新自由主義は，政府支出の削減，減税，金融の引き締め，政府規制の撤廃，国有企業の民営化など，一連の政策を主張する。

　こうして1980年代になると，アメリカのレーガン政権，イギリスのサッチャー政権に代表されるように，新自由主義は，世界的な影響力をもつようになる。そして，社会主義の崩壊という事態も後押しして，1990年代以降，新自由主義の影響力は，さらに大きな潮流となって，世界経済に広がることになる[11]。

　では，1980年代，90年代において，新自由主義の政策はいかなる成果を挙げたのであろうか。そこには，功もあれば，罪もあった，と言えるだろう。これをアメリカの例にみるならば，功の部分としては，金融の引き締めがインフレを抑え，政府規制の撤廃が金融や情報通信を中心に企業活動を活発にしたこと

が，挙げられる。これはとくに，90年代において，長期に渡る好況を現出させる要因となった。また，90年代には，好況のなかで，失業率が低下し，心配されたインフレ率も低い水準に留まった。

しかし，罪の部分もあった。減税や福祉支出の抑制，政府規制の撤廃による市場競争の激化によって，所得分配が不平等化し，雇用不安（いつ解雇されるか分からないという雇用の不安定化）が発生した。（ただし，当然のことではあるが，アメリカ経済について考えるとき，その功も罪も，政府の経済政策という視点から見るだけでは十分ではなく，アメリカの経済システム全体からの考察が必要である。これは，次節で扱う。）

このように，アメリカにおいて，新自由主義政策は，市場経済の活力を刺激する一方，市場経済の不安定性を増幅させた。さらに，新自由主義の政策が，アメリカにおいて，一貫して行われたわけではない。例えば，レーガノミックスは，実は，巨額の財政赤字を出して景気を刺激するという，大ケインズ政策であった[12]。あるいは，1970年代以降，アメリカは，GATT（WTO）の理念に反して，保護主義（管理貿易）の動きを強めてきた[13]。また，アメリカにおいても，農業や金融をはじめとして，市場原理に反した，産業への国家介入が行われてきた[14]。それらは，政治的妥協の結果であるかもしれないが，新自由主義の政策には，徹底し得ない危険な面があることを示すものでもあるだろう。

この点で，次の事実に注目しておくべきであろう。政府支出や社会保障の対GDP比は，アメリカを含む先進諸国において，1980年代，90年代においても，総じてわずかながら伸び続けた。これには人口高齢化の影響もあるが，新自由主義の影響力が強まったこの時代においても，政府支出や社会保障の拡大という傾向が，ある程度抑えられるようにはなったが，ひっくり返ることはなかったのである[15]。

新自由主義の政策には，功もあれば，罪もあった。これは，アメリカに限らず，新自由主義政策を採用した他の国々の例をみても，言えることである。例

えば，イギリスの新自由主義政策（サッチャリズム）も，インフレを抑え，産業活動を活発にする一方で，失業率の増大と貧富の格差の拡大をもたらした（ただし，イギリスの失業率は90年代後半以降，著しく改善された）。また，医療や教育など，公共サービスの立ち遅れを招いた。したがって，1997年に誕生したブレア政権は，サッチャリズムの長所（市場経済の活力）を生かしながら，その負の側面を修正するため，「第3の道」路線を打ち出すことになった[16]。

日本においても，アメリカやイギリスにおいてのように迅速ではなかったし，政策運営の紆余曲折を伴ったが，1980年代以降，規制緩和，行財政改革などの新自由主義的な政策が徐々に進められてきた。これらの政策は，例えば国鉄の民営化，電気通信事業の規制緩和など，一定の成果を挙げた。

しかし，新自由主義的な政策は，本来，過大な需要を抑制する一方，民間企業の活力を高め，供給能力を増強するための政策である。したがって，需要が過大で，供給能力が不足しているときに，適している。現に，レーガンの経済政策も，サッチャーの経済政策も，そうした経済状況，すなわちスタグフレーション下において行われた。

ところが，1990年代以降の日本経済は，不況に沈むなか，ディスインフレ，さらにはデフレへと進んだ，すなわち供給能力に比して，需要が過小であった。このような状況において，需要を抑え，供給能力を増強する政策を進めるならば，需給ギャップはさらに拡大し，不況が悪化する。新自由主義的な政策は，1990年代以降の日本経済の不況をいっそう深刻なものにした（この点については，第6章で詳しく論じた）。また，新自由主義的な政策は，所得分配の不平等化を助長した（第2章第2節(4)参照）。

また，次の点を指摘しておいてもよいだろう。小泉政権は，新自由主義的な傾向を強く有した政権であり，財政運営に関しても緊縮政策がとられた。しかしながら，その小泉政権下において，毎年30兆円を超える財政赤字が生み出されている（ただし，2006年度は27.5兆円）。このことは，レーガノミックスが実は大ケインズ政策であったというのと同じく，新自由主義の政策が，現実に

おいては，徹底し得ない危険な政策であることを，示すものであろう。

以上，政府の役割について，第2次大戦後の先進国の歴史的展開を，駆け足で振り返ってみた。政府の役割がどうあるべきかについて，今述べてきたような試行錯誤が行われてきたのである。こうした戦後の歴史を踏まえて，以下に，いくつかの点を論じてみたい。

一つは，市場経済と政府介入との間で，いかにバランスをとるかが重要，ということである。市場経済の自由を過度に認めれば，「市場の失敗」が目立ってくる。反対に，政府介入を過度に行えば，「政府の失敗」が目立ってくる。市場経済を重視しすぎても，政府介入を重視しすぎてもいけない。市場経済と政府介入との間で，いかにバランスをとるかが，われわれの課題なのである。「小さな政府」でもなく，「大きな政府」でもなく，市場経済と政府介入との適切な組み合わせを追求することが，われわれの課題なのである[17]。

二つは，政府介入は，単にその規模の大小が問題なのではなく，その質が問われなければならない。つまり，政府介入の内容や方法が，吟味されなければならない。例えば，同じ規模の公共投資でも，無駄なものを作るのではなく，なるべく国民が必要とするもの，有効性のあるものを作らなければならない。あるいは，同じ規模の所得の再分配であっても，低所得者の勤労意欲を損なうようなやり方ではなく，低所得者の自立を支援するようなやり方で行うのが望ましい。また，政府規制は，経済環境，社会環境の変化にあわせて，常に見直さなければならない。もはや意味が失われた規制は廃止すべきであるが，新たな規制を設けることも必要である。

三つは，市場経済と政府介入との間のバランスのとり方にせよ，政府介入の内容や方法にせよ，普遍的に妥当する理論は存在しない，ということである。国によって経済的，政治的，社会的，文化的などの状況が異なるのであり，経済政策の策定については，そうした各国に特有の事情を考えに入れなければならない。むろん同じ国でも，時代によってそうした事情は異なってくる。つまり，各国がそれぞれの歴史的状況のなかで，判断していくしかない。時と場所

を超えた一義的な解決法はないのである[18]。各国各様に，経験に学びながら，政策の調整を続けていくほかはない。

　四つは，民主主義の質という問題を，取り上げたい。戦後の先進国経済の歴史を振り返るとき，民主主義の質という問題を考えないわけにはいかない。先に述べたように，戦後の混合経済体制化を推し進めたのは，ケインズ主義と福祉国家思想であるが，さらにより根本的な要因として，民主主義の進展ということを，挙げることができる。民主主義の進展によって，一部の富裕層だけでなく，国民全体に，経済発展の恩恵を均霑しなければならなくなった。ケインズ主義も福祉国家思想も，その手段として考え出されたものである。混合経済体制は，すばらしい成果を上げた。しかし，議会制民主主義の下，戦後の混合経済体制は，一方で，利益誘導型政治をもたらした。政治は，各種利益集団がそれぞれの特殊利益を追求する場となり，政治経済の公正な運営が，歪められることになった。

　この点を激しく批判したのが，新自由主義である。新自由主義は，ケインズ主義，福祉国家政策，政府規制などへの批判を通じて，現実の政治のあり方，民主主義のあり方を問い質したのである[19]。この新自由主義による民主主義批判は，重要な問題提起であった。ただし，新自由主義の積極的な政策提案，すなわち市場経済重視，「小さな政府」という政策提案に，与することはできない。それは，先に述べたように，経済社会の安定をもたらすものではない。しかし，新自由主義が提起した民主主義の問題点は，真摯に受け止める必要がある。われわれは，民主主義の質を，常に問い直さなければならない。

　われわれの課題は，市場経済と政府介入との間でバランスをとること，政府介入の内容や方法を吟味すること，であった。そのためには，利益集団の特殊利益に引きずられてはならないし，また市場経済の自由に傾きすぎてもいけない。すなわち，政治過程を通じてにせよ，市場経済を通じてにせよ，私的利益の追求を何ほどか抑制し，公共性への関心を高める必要がある。われわれの民主主義の内実が，問われているのである。

## 3．混合経済体制の多様性

　今日，多くの国が混合経済体制を採用しているのであるが，同じ混合経済体制と言っても，国によってさまざまな違いがある。前節で扱った政府と市場経済との関係のみならず，企業経営，雇用制度，企業間関係，金融制度などの経済の部分システム，そしてそれら部分システムの関連の仕方が，国によって異なる特徴をもつのである。こうした混合経済体制の多様性というテーマは，国際的な関心を集め，多くの研究が行われてきた。

　混合経済体制の多様性に関心が向けられるようになった背景として，二つのことが指摘できるであろう。一つは，日本経済の躍進である。戦後の目覚ましい発展によって，日本経済は世界の注目を集めた。そして，日本経済に関する研究が進むと同時に，日本の経済発展の源泉が，日本に特有の経済システムに求められるようになった。

　日本に特有の経済システムとは，長期雇用や職能資格給などによって特徴づけられる雇用制度，株式持合や経営者の内部昇進，メインバンク制などによって特徴づけられる企業統治，系列取引によって特徴付づけられる企業間関係，政府規制による保護（護送船団方式），銀行貸付への大きな依存などによって特徴づけられる金融制度，などをその内容とする。そして，こうした特質をもつ雇用制度，企業統治，企業間関係，金融制度が，相互補完的に働き，それぞれの機能を高め合う，という経済システムである[20]。

　この経済システムは，従業員，経営者，関連企業，銀行などの間に，長期的な関係を作り出し，そこに競争を内在させると同時に，信頼関係を醸成する。そして，技能蓄積を促進し，企業内・企業間の協力・協調関係を築くことによって，効率的な企業活動を達成してきた。

　また，日本経済は，政府規制による低生産性産業（農業や中小企業など）の保護，累進課税，相続税，年金制度などによる所得再分配，地方交付税や補助金による地域間格差の是正（大都市から地方への所得再分配）等の施策を通じ

て，国民経済の平等化を図ってきた。

　こうした日本型経済システム[21]は，とくに，アメリカ型経済システムと比較された。アメリカ型経済システムは，流動性の高い雇用制度，職務と成果に応じた賃金制度，株主利益が優先される企業統治，短期的な企業間関係，証券市場が大きな比重を占める金融制度などを特徴とする。そして，所得や富の平等よりも，市場競争，経済的自由を優先する。日本型経済システムは，こうしたアメリカ型経済システムとは，かなり異質のものであった。

　かつては，欧米の経済システムが進んだ経済システムであり，それとは異なる特徴をもつ日本の経済システムは後進的なものであると考えられていた。したがって，日本の経済システムは，やがて欧米の経済システムに近づいてゆくであろうし，またそうでなければならない，という「進歩史観」が支配的であった[22]。ところが，日本経済の躍進は，欧米の経済システムとは異なる経済システムが，欧米経済を脅かすような高い成果を示しうることを，実証したのである。

　混合経済体制の多様性というテーマに関心が向くようになった背景には，もう一つ，冷戦の終焉という事態がある。共通の敵である社会主義の崩壊によって，資本主義（混合経済体制）の側が，その内部に見られる差異や対立に，あらためて目を向けるようになったのである。社会主義が崩壊してまもなく，こうした関心を著した書物に，M．アルベールの『資本主義対資本主義』がある[23]。

　アルベールは，資本主義を二つのタイプに分類する（今日の経済体制を言うとき，資本主義ではなく，混合経済体制という用語を使う方が適切であると思うが，アルベールの議論に言及するさいには，アルベールに従って，資本主義という用語を用いる）。ネオアメリカ型資本主義と，ライン型資本主義である。ネオアメリカ型とは，1980年代以降，すなわちレーガン政権誕生以来のアメリカを典型とする資本主義である。その特徴は，市場原理が重視され，貧富の格差が大きい，また，証券市場の影響力が大きく，企業においては，株主の利益

が優先され，解雇が容易に行われる。つまり，少し前にアメリカ経済の特徴として述べたところと同じである。

一方，ライン型資本主義とは，ドイツ，スイス，オランダなどのライン川沿いの諸国に，典型的に見られるものである[24]。それは，次のような特徴をもっている。市場原理とともに公共セクターの役割を重視し，経済的自由とともに富と所得の平等や福祉にも十分に配慮する。銀行の影響力が大きく，銀行は企業との長期的な関係のなかで，企業を支援する。コンセンサスを重視する社会風土のなかで，企業においては，株主，経営者，従業員の間に，長期的な信頼関係，連帯感が形成される。企業は，株主，経営者，従業員の共同体であり，安定した雇用，協調的な労使関係が築かれている[25]。

アルベールによれば，二つのタイプの資本主義を比べたとき，ライン型の方が優位にあると言う。ライン型の方が，経済的な効率性も高く，社会的な公正も実現されている。経済的な効率と社会的な公正とは，矛盾するものではなく，相互に高め合う効果をもつ，とアルベールは言う[26]。

このように，一口に混合経済体制といっても，実は多様であり，相互にかなり異質なものであることが，盛んに論議されるようになった。そして，こうした論議は，当初は，とくに日本やドイツの高い経済的，社会的成果に，後押しされたものであった。

しかし，1990年代において，アメリカの好景気が持続し，一方，日本やドイツの経済が不振に陥るなかで，混合経済体制の多様性という問題も，議論の風向きが変化してくることになる。すなわち，アメリカ型経済システムのダイナミズムと効率性が，改めて見直された。そして，アメリカ型経済システムが，経済システムの理想モデルとして，復権してくる。日本やドイツの経済システムは，そうした理想モデルからの逸脱として，評価を落とすことになる。

日本型経済システムは，次のように批判された。一つに，長期雇用や年功賃金制などの雇用制度は，従業員の創造性や勤労意欲を損なうものである。二つに，株式の持合によって株式市場からのプレッシャーが遮断され，内部昇進の

経営者によって行われる企業経営は，思い切った改革が不可能であり，また社会的な倫理に悖るような，さらには法律に違反するような行動につながる危険がある。三つに，系列は，日本市場の対外的な閉鎖性を生み出している。四つに，銀行融資中心の資金供給では，リスクマネーが不足する。五つに，バブル経済の顛末によって露になったように，銀行からの融資は，土地担保に依存し切ったものであって，企業活動に対する十分な審査を伴うものではなかった。六つに，政府規制や行政指導による産業保護は，市場メカニズムの働きを妨げ，経済の効率性を著しく低下させた，などである。

このように，日本型経済システムは，激しい批判に晒され，根本的な改革の必要性が叫ばれた。主張された改革には，さまざまな論点があるが，例えば，長期雇用慣行を放棄し雇用の流動化を図ること，年功賃金制に代えて成果主義賃金制を導入すること，株式持合を解消し株主利益優先の企業統治を行うこと，系列関係をもっと開かれたものにすること，証券市場を発展させ市場のリスクをもっと多くの個人が引き受けるようにすること，政府規制や行政指導を撤廃し市場競争を貫徹させること，などである。要するに「市場原理」を大胆に取り入れることであり，それはつまり，日本経済をアメリカ型経済システムに改造することであった。

また，ドイツ経済（ライン型資本主義）は，次のように批判された。高福祉，高賃金，短い労働時間，厳しい解雇規制など，企業の高コスト体質は，企業の国際競争力を弱め，高い失業率をもたらしている。高福祉はまた，財政赤字の原因になるとともに，勤労意欲の喪失による失業率の上昇を引き起こしている[27]。銀行が強い力をもつ金融システムは，企業に対する規律づけの働きが弱く，また，ベンチャーキャピタルの不足を招いている。政府規制は，市場競争を妨げ，経済効率を損ねている，などである。

ドイツでも，改革が唱えられ，福祉支出の削減，恵まれた労働条件の見直し，直接金融の育成，政府規制の緩和などが，主張された。ドイツにおいても，市場原理を重視する傾向，アメリカ型経済システムの影響は強まっている。

このように，アメリカ経済は，1980年代まで日本経済やドイツ経済の高いパフォーマンスの前にじり貧に陥っていたが，1990年代において激しく巻き返してくる。

しかしながら，すべての国が，アメリカ型の経済システムを理想のモデルとして，自らを変えてゆくべきなのだろうか。あらゆる国がアメリカ型の経済システムで覆い尽くされることが，21世紀の世界経済のあるべき姿なのであろうか。20世紀に見られた混合経済体制の多様性とは，無駄な回り道にすぎなかったのだろうか。

そうではないと思う。日本は，あくまでも日本なりの混合経済体制を追求すべきであり，ドイツは，あくまでもドイツなりの混合経済体制を追求すべきである。むろん，アメリカは，アメリカなりの混合経済体制を追求すべきである。各国は，それぞれに自国に特有の経済システムを追求すべきなのである。経済システムの多様性は，守らなければならない。

その理由は，一つには，アメリカの経済は，必ずしもうまくいっているとは言えないからである[28]。アメリカ経済は，たしかに1990年代に，長期に渡って好景気を持続した。しかし，そうした好景気の一方，アメリカでは，1980年代以降，所得分配の著しい不平等化が進行している。ITの目覚ましい革新が進展するなか，市場原理重視，株主利益優先のアメリカ型経済システムは，貧富の格差を拡大させた。また，それと同時に，株主利益優先，流動的雇用を特徴とするアメリカ型企業システムは，働く人々の間に，雇用不安を発生させた。

さらに，90年代のアメリカ経済では，株式市場がバブル化した。情報技術革新が企業活動を活発にする一方，株主利益を優先する経営が企業収益を大きく増大させ，株価が上昇していった。そして，株価の上昇は，個人消費を刺激し，景気をさらに拡大させ，それがまた株価を上昇させる，という循環を生み出した。また，こうした景気の拡大は，80年代から続いていた経常収支の大幅赤字を，さらに悪化させることになった。

このように，90年代のアメリカ経済の活況は，貧富の格差の拡大，雇用不安

の発生，株価のバブル，巨額の経常収支赤字という危うい構造の上に成り立っていた。90年代のアメリカ経済は，好景気を生み出す一方，市場経済の不安定性を露にした。つまり，たとえ日本やドイツ，あるいはその他の国が，アメリカ型経済システムへの転換に首尾よく成功したとしても（後に述べるように，そのようなことがそもそも可能なのだろうかと疑うが），経済的，社会的な安定が約束されているわけではないのである。

　混合経済体制の多様性を守るべきと考える理由は，二つには，日本やドイツの経済システムが有している効率性が，90年代以降において，失われてしまったわけではないからである。90年代以降の経済的不振のなかで，日本経済やドイツ経済のさまざまな問題点に目が向けられるようになった。しかし，日本経済やドイツ経済の強みが，消滅してしまったわけではない。両国経済の強みは，製造業の高い国際競争力に集約的に表れている。そして，この競争力の背後には，日本型の経済システム，ドイツ型の経済システムが存在している。日本やドイツの高い国際競争力は，日本やドイツの固有の経済システムが生み出すものなのである。経済システムを根本的に改革することは，そうした長所を放棄することになる。

　混合経済体制の多様性を擁護する理由は，三つには，これが最も根本的な問題であるが，経済システムには，それぞれの国民の価値観が反映されているからである。各国で歴史的に積み上げられてきた，明示的あるいは暗黙的な，倫理観や社会慣習が，その国の経済システムを支えている。その意味で，経済システムは文化であり，その社会に深く根ざしたものである。こうした価値観，文化のうち，どれが優れているか，などということを，軽々に判断できるものではない。多様な，各国に培われた価値観，文化は，それぞれ擁護されるべきである。

　また，経済システムが文化であるならば，そもそも経済システムの根本的改革ということが可能なのかと，疑ってしかるべきであろう。経済システムの根本的な改革は，われわれの倫理観や社会慣習の根本的な改革をも，必然的に伴

う。そのときの，人々の心理的苦痛，社会的混乱は，計り知れない。それは，言わば，日本人やドイツ人に対して，アメリカ人になれというに等しいことだからである。そのようなことが可能であろうか。また，日本人やドイツ人がアメリカ的なやり方を真似ても，所詮アメリカ人以上に上手くやれるはずはないのである。

　無論，日本型の経済システムも，ドイツ型の経済システムも，改革が必要ないというわけではない。それは，さまざまな面での改革を必要とする。しかし，必要な改革は，経済システムを根本から変えてアメリカ型にする，というような改革ではない。無論，他国の長所から学ぶことは大切である。しかし，改革は，自国の経済システムの長所，短所をよくよく見極めながら，進めるべきである。またそれは，日本やドイツがこれまでに積み上げてきたもの——経済的側面だけでなく，社会的，文化的な側面も含めての蓄積——つまり歴史的状況に依存する。したがって，それは，日本なりの改革，ドイツなりの改革にならざるを得ない。一つひとつの改革を積み重ねた行き着く先は，アメリカ型の経済システムではない。改革の行く先は，新日本型システムであり，新ドイツ型システムである。新システムは，旧システムとの連続性がしっかりと保たれていて，旧システムの長所を受け継ぎ，旧システムの短所が修正されている，必要なのは，そのような改革，つまり漸進的改革である。

## 4．結　び

　20世紀に，われわれは，社会主義計画経済の失敗という大きな教訓を得た。それは，経済の全面的な国家管理が，いかに悲惨な状況を引き起こすかを，教えてくれた。また，資本主義圏においても，第2次大戦後に確立し，大きな成功を収めた混合経済体制化が，1970年代に，行き詰まりをみせた。すなわち，ケインズ政策，福祉国家政策，政府規制などの政策が，さまざまな弊害を露にした。資本主義圏のなかの，部分的な国家管理も，見直しを迫られたのである。

　こうした世界的な規模での経済の国家管理の挫折は，1970年代以降，市場原

理を重視し,「小さな政府」を主張する新自由主義の台頭をもたらした。それはまた,企業経営における株主利益優先という動向とも連動した。こうした経済思想の潮流は,今日,本書でもそう呼んできたように,市場主義,あるいは市場原理主義などとも呼ばれ,1990年代以降,さらに勢いを増し,世界経済に大きな影響を及ぼしている。

　しかし,市場主義では,経済社会をうまく統治できないであろう。これまで論じてきたように,市場主義には,さまざまな批判を差し向けることができる。われわれは,市場主義を超えて,経済社会を形作らなければならない。21世紀の経済社会をどのように形作るか。これは,われわれの大きな課題である。この課題を考える前提として,混合経済体制の歴史を振り返ることが,是非必要である。

【注】
1) 今日の開発途上国が抱える困難については,例えば大野［2000］, Stiglitz［2002］を参照。
2) Hayek［1948］。なお,この問題について,猪木［1987］pp.179-186の説明は有益である。
3) こうした欠陥以外にも,現実の社会主義経済には,さまざまな難点が存在した。例えば,中央政府に集まる企業の技術情報のなかには,虚偽の情報が含まれていた。中央政府からの生産指令（ノルマ）をなるべくやさしいものにするため,企業はしばしば,自らの生産技術について,実際よりも劣悪なものとして報告したのである。
4) Hayek［1944］第7章, Friedman［1962］第1章参照。
5) とくに,社会主義において,政府に対して批判的な言論活動は,困難である。
6) 例えば,ソ連のスターリン時代の過酷な独裁政治は,スターリンという人物の性格と関連づけて論じられる。
7) ただし,「政府の大きさ」をいかなる指標で測るかについては,議論の余地がある。野口［1982］pp.14-16参照。
8) 野口［1982］pp.11-12参照。
9) 先進諸国が示した高い経済的成果のゆえに,1950年代,60年代を,しばしば「資本主義の黄金時代」と呼ぶ。ただし,「資本主義の黄金時代」を到来させた要因は,混合経済体制化だけではない。その他に,大衆消費社会の出現,すな

わち大量生産—大量消費体制の形成，これをもたらした技術革新，IMF・GATT体制の下での自由貿易の進展，石油価格の低位安定，農業から製造業への労働力移動，教育水準の向上，労使協調体制などの要因を挙げることができる。例えば，石見[1999] pp.181-186を参照。
10) 1970年代以降の先進諸国経済の変調の要因を，混合経済体制化の副作用にのみ求めることはできない。注9）に挙げた，「資本主義の黄金時代」を現出させた諸要因が，それぞれの理由によって，要因たり得なくなったことが原因である。
11) こうした潮流は，グローバリゼーションと呼ばれた。グローバリゼーションを批判的に論じた書に，例えばGray [1998]，大野[2000]，Stiglitz [2002]がある。また今日，新自由主義的な思想は，本書でもそう呼んできたように，しばしば市場主義あるいは市場原理主義と呼ばれる。
12) さらに，現在のブッシュ政権が巨額の財政赤字によって景気刺激をしてきた，という点も，付け加えるべきであろう。
13) アメリカの貿易政策の実態については，小宮[1994] pp.64-78を参照。
14) 福島[2000]第4章参照。
15) 石見[1999] pp.205-206参照。
16) ブレア政権の理念と政策に関しては，例えば山口[2005]を参照。
17) Stiglitz [2003]第12章も参照。
18) 例えば，アメリカにおいては，日本やヨーロッパ諸国に比べて，自由や市場原理が尊重され，貧富の格差を許容する度合いが大きい。こうした社会風土の違いは，再分配政策に関する価値判断に，違いを生み出すであろう。
19) 新自由主義によれば，自由主義と民主主義とは，異なる教義である。自由主義は，個人の自由を守ることを最大の関心事とする。従って，例えば多数派が少数派の自由を侵害しようとするならば，少数派の自由を擁護する立場に立つ。これに対して，民主主義は，国民の多数意見に従って政治を行うべきである，という政治的意思決定の方法に関する教義である。政治的意思決定の内容については，何も語らない。詳しくは，Hayek [1960]第7章を参照。
20) こうした日本の経済システムについては，第1章の注10）に挙げた文献の他，岡崎・奥野[1993]，奥野[1993]，鶴[1994]などを参照。なお，日本型経済システムの重要な一環とされてきたメインバンク制に関して，それが効率的に機能したという議論に批判もある。三輪・ラムザイヤー[2001]，堀内[2002]を参照。
21) 本書では，さらに，日本型経済システムの重要な一環として，ケインズ政策を含めてきた。
22) 経済学では，正統とされる新古典派が，大きな影響力をもっている。そして，新古典派経済学が描く市場像は，英米の経済（アングロ・サクソン経済）を背景にしている。新古典派の市場経済モデルは，普遍的に妥当する規範として，

唱導されてきた。この立場からは，新古典派モデルと異なる経済システムは，普遍的規範からの逸脱として，批判の対象となる。

例えば，新古典派経済学において，労働者は，投入量が短期的に調整される可変要素である。すなわち，企業の行動原理は短期的な利潤最大化であり，これを達成するために，企業は労働者を自由に採用，解雇する。こうして，新古典派経済学において，労働力の流動性は，最高度に高い。また，他のすべての財と同様に，あらゆる労働の価格（賃金）は外部市場で決まる。すなわち，企業外部の市場において，労働の需要と供給が一致するところで賃金は決まる。そこでは，同一労働，同一賃金が成立している。内部労働市場が存在しないのであるから，長期雇用や年功賃金などが登場する余地はない。さらに企業間関係について見てみると，企業間関係も短期的であり，そのつどそのつど最もよい条件（安い価格）を提示した相手と取り引きをする。すなわち，系列などの長期的な関係は存在しない。現実の経済において，長期雇用や年功賃金や系列などの現象が見られるならば，それは新古典派経済学にとっては，市場の価格メカニズムを妨害するものであり，経済効率に反するものである。

23) Albert [1991]。
24) アルベールは，この他に，スウェーデンなどの北欧諸国，そして日本も，ライン型の資本主義に含まれると言う。
25) ドイツにおいて，こうした経済システムを形成する拠り所となったものは，「社会的市場経済」の理念，政策体系である。
26) Albert [1991]第7章。ただし，アルベールは，ストレスと不安に満ちているが，ウエスタンのように冒険が一杯のネオアメリカ型の方が，高潔で，平等だけれど，単調で，退屈なライン型より，人々を引きつける魅力があり，世界への普及という点ではネオアメリカ型が優勢である，と論じた。Albert [1991]第9章参照。
27) 失業率の上昇は，失業手当の増大を通じて財政をさらに圧迫する。
28) 以下の90年代アメリカ経済の論述については，吉富[1999]が参考になった。また，Stiglitz [2003]は，90年代アメリカ経済の「狂騒」を，詳しく論じている。

## 参 考 文 献

青木昌彦・奥野正寛編著［1996］『経済システムの比較制度分析』東京大学出版会。
浅沼万里［1997］『日本の企業組織 革新的適応のメカニズム——長期取引関係の構造と機能』東洋経済新報社。
荒木尚志［2004］「コーポレート・ガバナンス改革と労働法」稲上毅・森淳二朗編『コーポレート・ガバナンスと従業員』東洋経済新報社。
飯田経夫［1991］『経済学誕生』筑摩書房。
飯田史彦［1998］『日本的経営の論点——名著から探る成功原則』PHP新書。
伊丹敬之［1987］『人本主義企業——変わる経営 変わらぬ原理』筑摩書房。日経ビジネス人文庫，2002年。
伊丹敬之［2000a］『経営の未来を見誤るな——デジタル人本主義への道』日本経済新聞社。
伊丹敬之［2000b］『日本型コーポレートガバナンス——従業員主権企業の論理と改革』日本経済新聞社。
伊丹敬之・加護野忠男［1996］「日本的経営」貝塚啓明・香西泰・野中郁次郎監修『日本経済事典』日本経済新聞社。
伊藤秀史［1992］「査定・昇進・賃金体系の経済理論——情報とインセンティヴの見地から」橘木俊詔編『査定・昇進・賃金決定』有斐閣。
伊東光晴［1962］『ケインズ——〝新しい経済学〟の誕生』岩波新書。
伊東光晴［1999］『「経済政策」はこれでよいか——現代経済と金融危機』岩波書店。
伊東光晴［2006］『日本経済を問う——誤った理論は誤った政策を導く』岩波書店。
伊藤元重・清野一治・奥野正寛・鈴村興太郎編［1988］『産業政策の経済分析』東京大学出版会。
稲上　毅［2000］「新日本型コーポレートガバナンスと雇用・労使関係」稲上毅・連合総合生活開発研究所編著［2000］。
稲上　毅・連合総合生活開発研究所編著［2000］『現代日本のコーポレート・ガバナンス』東洋経済新報社。
猪木武徳［1987］『経済思想』岩波書店。
猪木武徳［2002］「ホワイトカラー・モデルの理論的含み——人・組織・環境の不確実性を中心に」小池和男・猪木武徳編著『ホワイトカラーの人材形成』東洋経済新報社。
岩田規久男［2001］『デフレの経済学』東洋経済新報社。
岩田規久男［2005］『日本経済を学ぶ』ちくま新書。
石見　徹［1999］『世界経済史——覇権国と経済体制』東洋経済新報社。
植草一秀［2001］『現代日本経済政策論』岩波書店。

上村達男［2005］「ライブドア対フジテレビ──市場のルールを踏み荒らす者は誰か」『世界』5月号．

上村達男・金児昭［2007］『株式会社はどこへ行くのか』日本経済新聞出版社．

内田研二［2001］『成果主義と人事評価』講談社現代新書．

江波戸哲夫［2002］『成果主義を超える』文春新書．

太田　清編著［1999］『データで読む生活の豊かさ』東洋経済新報社．

太田　清［2000］「国際比較からみた日本の所得格差」『日本労働研究雑誌』第480号．

太田　清・坂口尚文［2004］「所得格差と所得の固定化」樋口美雄・太田清・家計経済研究所編『女性たちの平成不況──デフレで働き方・暮らしはどう変わったか』日本経済新聞社．

太田　清［2005］「フリーターの増加と労働所得格差の拡大」ESRI Discussion Paper Series NO.140（内閣府経済社会総合研究所ホームページ）．

大竹文雄［2005］『日本の不平等──格差社会の幻想と未来』日本経済新聞社．

大野健一『途上国のグローバリゼーション──自立的発展は可能か』東洋経済新報社，2000年．

大橋勇雄・中村二朗［2004］『労働市場の経済学──働き方の未来を考えるために』有斐閣．

岡崎哲二［1996］「戦後日本経済とケインズ政策」『ESP』9月号．

岡崎哲二［1999］「戦後日本の財政政策──歴史的パースペクティブ」小野善康・吉川洋編著『経済政策の正しい考え方』東洋経済新報社．

岡崎哲二・奥野正寛［1993］「現代日本の経済システムとその歴史的源流」岡崎哲二・奥野正寛編『現代日本経済システムの源流』日本経済新聞社．

岡部光明［2002］『株式持合と日本型経済システム』慶應義塾大学出版会．

奥野正寛［1993］「現代日本の経済システム──その構造と変革の可能性」岡崎哲二・奥野正寛編『現代日本経済システムの源流』日本経済新聞社．

尾高邦雄［1984］『日本的経営──その神話と現実』中公新書．

小田切宏之［2000］『企業経済学』東洋経済新報社．

小野　旭［1989］『日本的雇用慣行と労働市場』東洋経済新報社．

小野善康［1994］『不況の経済学──甦るケインズ』日本経済新聞社．

小野善康［1998］『景気と経済政策』岩波新書．

小野善康［2001］『誤解だらけの構造改革』日本経済新聞社．

加護野忠男［1996］「コーポレート・ガバナンス」貝塚啓明・香西泰・野中郁次郎監修『日本経済事典』日本経済新聞社．

加護野忠男［2003］「日本における企業統治の論理」宮本又郎他『日本型資本主義』有斐閣．

加護野忠男・野中郁次郎・榊原清則・奥村昭博［1983］『日米企業の経営比較──戦略的環境適応の理論』日本経済新聞社．

春日素夫・鈴木直次［2005］『アメリカの経済（第2版）』岩波書店。
楠田　丘編［2002］『日本型成果主義——人事・賃金制度の枠組と設計』生産性出版。
経済企画庁［1994］『平成6年版経済白書——厳しい調整を超えて新たなフロンティアへ』大蔵省印刷局。
小池和男［1994］『日本の雇用システム——その普遍性と強み』東洋経済新報社。
小池和男［2005］『仕事の経済学（第3版）』東洋経済新報社。
香西　泰［1981］『高度成長の時代——現代日本経済史ノート』日本評論社。日経ビジネス人文庫，2001年。
厚生労働省［2002］『平成14年版労働経済白書——最近の雇用・失業の動向とその背景』日本労働研究機構。
厚生労働省［2006］『平成18年版労働経済白書——就業形態の多様化と勤労者生活』国立印刷局。
小峰隆夫［2003］『最新｜日本経済入門（第2版）』日本評論社。
小宮隆太郎［1984］「序章」小宮隆太郎・奥野正寛・鈴村興太郎編［1984］。
小宮隆太郎［1989］「日本企業の構造的・行動的特徴」『現代中国経済——日中の比較考察』東京大学出版会。
小宮隆太郎［1994］『貿易黒字・赤字の経済学——日米摩擦の愚かさ』東洋経済新報社。
小宮隆太郎・奥野正寛・鈴村興太郎編［1984］『日本の産業政策』東京大学出版会。
今野浩一郎・佐藤博樹［2002］『人事管理入門』日本経済新聞社。
財務省財務総合政策研究所［2003］「進展するコーポレート・ガバナンス改革と日本企業再生」（財務省財務総合政策研究所ホームページ）。
佐藤博樹・玄田有史編［2003］『成長と人材——伸びる企業の人材戦略』勁草書房。
シェアード,P.［1997］『メインバンク資本主義の危機』東洋経済新報社。
城　繁幸［2004］『内側から見た富士通——「成果主義」の崩壊』光文社。
城　繁幸［2005］『日本型「成果主義」の可能性』東洋経済新報社。
関口末夫・堀内俊洋［1984］「貿易と調整援助」小宮隆太郎・奥野正寛・鈴村興太郎編［1984］。
全国証券取引所［2007］「平成18年度株式分布状況調査」東京証券取引所ホームページ。http://www.tse.or.jp/data/examination/distribute.html （2007年10月1日）。
高橋伸夫［2004］『虚妄の成果主義——日本型年功制復活のススメ』日経BP社。
高橋伸夫［2005］『〈育てる経営〉の戦略——ポスト成果主義への道』講談社選書メチエ。
高山憲之［1980］『不平等の経済分析』東洋経済新報社。
滝田誠一郎［2006］『人事制度イノベーション——「脱・成果主義」への修正回答』講談社現代新書。
橘木俊詔［1998］『日本の経済格差——所得と資産から考える』岩波新書。

橘木俊詔［2000］「日本の所得格差は拡大しているか——疑問への答えと新しい視点」『日本労働研究雑誌』第480号。
橘木俊詔［2006］『格差社会——何が問題なのか』岩波新書。
田村達也［2002］『コーポレート・ガバナンス——日本企業再生への道』中公新書。
鶴光太郎［1994］『日本的市場経済システム——強みと弱みの検証』講談社現代新書。
鶴光太郎［2006］『日本の経済システム改革——「失われた15年」を超えて』日本経済新聞社。
都留 康・阿部正浩・久保克行［2005］『日本企業の人事改革——人事データによる成果主義の検証』東洋経済新報社。
土居丈朗他［2005］「都市対地方——財政，公共事業，一極集中の是非をめぐって（パネル・ディスカッション）」岩本康志・橘木俊詔・二神孝一・松井彰彦編『現代経済学の潮流2005』東洋経済新報社。
ドーア，R．［2006］『誰のための会社にするか』岩波新書。
土志田征一［2004］「ニューエコノミーとアメリカ型経済システムの再検討」伊藤隆敏＋財務省財務総合政策研究所編著『検証・アメリカ経済』日本評論社。
内閣府［2006］『平成18年版経済財政白書——成長条件が復元し，新たな成長を目指す日本経済』国立印刷局。
内閣府［2007］『平成19年版経済財政白書——生産性上昇へ向けた挑戦』時事画報社。
内閣府政策統括官室［2007］『世界経済の潮流2007年秋』日本統計協会。
中谷 巌［2007］『入門マクロ経済学（第5版）』日本評論社。
中村圭介［2006］『成果主義の真実』東洋経済新報社。
中村隆英［1993］『日本経済——その成長と構造（第3版）』東京大学出版会。
新原浩朗［2003］『日本の優秀企業研究——企業経営の原点 六つの条件』日本経済新聞社。日経ビジネス人文庫，2006年。
ニッセイ基礎研究所［2004］「株式持ち合い状況調査2003年度版」ニッセイ基礎研究所ホームページ。http://www.nli-research.co.jp/（2004年9月17日）。
日本統計協会編［1988］『日本長期統計総覧 第3巻』日本統計協会。
沼上 幹［2003］『組織戦略の考え方——企業経営の健全性のために』ちくま新書。
沼上 幹［2004］「重くなった日本の企業組織 問題は長期雇用ではなく，自ら思考し決断する力の欠如である」『エコノミスト』臨時増刊2月9日号。
沼上 幹・軽部大・加藤俊彦・田中一弘・島本実［2007］『組織の〈重さ〉——日本的企業組織の再点検』日本経済新聞出版社。
野口 旭・田中秀臣［2001］『構造改革論の誤解』東洋経済新報社。
野口悠紀雄［1982］『公共経済学』日本評論社。
野口悠紀雄［2002a］『日本経済 企業からの革命——大組織から小組織へ』日本経済新聞社。
野口悠紀雄［2002b］『［新版］1940年体制 さらば戦時経済』東洋経済新報社。

野村正實［1998］『雇用不安』岩波新書。
橋本寿朗［1995a］「『1940年体制』は現在と直結していない」『エコノミスト』5月2・9日号。
橋本寿朗［1995b］『戦後の日本経済』岩波新書。
橋本寿朗編［1996］『戦後企業システムの戦後史』東京大学出版会。
馬場大治［2000］「コーポレート・ガバナンスとイノベーション——アメリカ型コーポレート・ガバナンスに対する批判的な諸議論を中心に」『甲南経営研究』第41巻第1・2号。
原田　泰［1992］『テラスで読む　戦後トピック日本経済史』日本経済新聞社。
原田　泰［2003］『日本の「大停滞」が終わる日』日本評論社。
樋口美雄［2001］『人事経済学』生産性出版。
深尾光洋［1999］『コーポレート・ガバナンス入門』ちくま新書。
深尾光洋・森田泰子［1997］『企業ガバナンス構造の国際比較』日本経済新聞社。
福島清彦［2000］『暴走する市場原理主義——アメリカの「タテマエ」の罪と限界』ダイヤモンド社。
藤本隆宏［2003］『能力構築競争——日本の自動車産業はなぜ強いのか』中公新書。
藤本隆宏［2004］『日本のもの造り哲学』日本経済新聞社。
藤本隆宏・西口敏宏・伊藤秀史編［1998］『リーディングス　サプライヤー・システム——新しい企業間関係を創る』有斐閣。
堀内昭義［2002］「日本の金融システム——メインバンク機能の再考」貝塚啓明・財務省財務総合政策研究所編『再訪　日本型経済システム』有斐閣。
松原隆一郎［2003］『長期不況論——信頼の崩壊から再生へ』NHKブックス。
松原隆一郎［2005］『分断される経済——バブルと不況が共存する時代』NHKブックス。
水野朝夫［1992］『日本の失業行動』中央大学出版部。
溝上憲文［2004］『隣の成果主義——症例，効能，副作用』光文社。
溝口敏行［1986］「日本の所得分布の長期変動」『経済研究』第37巻第2号。
溝口敏行・寺崎康博［1995］「家計の所得分布の経済・社会および産業構造的要因——日本の経験」『経済研究』第46巻第1号。
三橋規宏・内田茂男・池田吉紀［2007］『ゼミナール日本経済入門（2007年度版）』日本経済新聞出版社。
南　亮進［1996］『日本の経済発展と所得分布』岩波書店。
南　亮進［1998a］「経済発展と民主主義——理論と日本の経験」南亮進・中村政則・西沢保編『デモクラシーの崩壊と再生——学際的接近』日本経済評論社。
南　亮進［1998b］「市場経済と民主主義——失われるリンク」『世界』8月号。
南　亮進［2000］「日本おける所得分布の長期変化——再推計と結果」『東京経済大学会誌』第219号。

南　亮進［2002］『日本の経済発展（第3版）』東洋経済新報社。
宮島英昭［2006］「戦後改革」橋本寿朗・長谷川信・宮島英昭『現代日本経済（新版）』有斐閣アルマ。
宮島英昭・原村健二・江南喜成［2003］「戦後日本の株式所有構造――安定株主の形成と解消」『フィナンシャル・レビュー』第68号。
宮本光晴［1995］「『1940年体制論』は誤りだ」『諸君！』8月号。
宮本光晴［1997］『日本型システムの深層――迷走する改革論』東洋経済新報社。
宮本光晴［1999］『日本の雇用をどう守るか――日本型職能システムの行方』PHP新書。
宮本光晴［2004］『企業システムの経済学』新世社。
三輪芳朗＋J・マーク・ラムザイヤー［2001］『日本経済論の誤解――「系列」の呪縛からの解放』東洋経済新報社。
三輪芳朗＋J・マーク・ラムザイヤー［2002］『産業政策論の誤解――高度成長の真実』東洋経済新報社。
村上泰亮［1984］『新中間大衆の時代』中央公論社。
山口二郎［2005］『ブレア時代のイギリス』岩波新書。
山口義行［2002］『誰のための金融再生か――不良債権処理の非常識』ちくま新書。
山家悠紀夫［1997］『偽りの危機　本物の危機』東洋経済新報社。
山家悠紀夫［2001］『「構造改革」という幻想――経済危機からどう脱出するか』岩波書店。
吉川　洋［1992］『日本経済とマクロ経済学』東洋経済新報社。
吉川　洋［1997］『高度成長――日本を変えた6000日』読売新聞社。
吉川　洋［1999］『転換期の日本経済』岩波書店。
吉富　勝［1999］「アメリカ経済――その新しい構造と新しい危機」『世界』9月号。
吉村典久［2007］『日本の企業統治――神話と実態』NTT出版。
労務行政研究所［2006］「役員報酬・賞与，役員改革の実態」『労政時報』第3676号。

Albert, M.［1991］*Capitalisme contre Capitalisme, Seuil*（小池はるひ訳・久水宏之監修『資本主義対資本主義』竹内書店新社，1992年）．
Aoki, M.［1988］*Information, Incentives, and Bargaining in the Japanese Economy*, Cambridge University Press（永易浩一訳『日本経済の制度分析――情報・インセンティブ・交渉ゲーム』筑摩書房，1992年）．
Aoki, M.［1994］"Monitoring Characteristics of the Main Bank System: An Analytical and Developmental View," in M. Aoki and H. Patrick (eds.), *The Japanese Main Bank System*, Oxford University Press（「メインバンク・システムのモニタリング機能としての特徴」白鳥正喜監訳・東銀リサーチインターナショナル訳『日本のメインバンク・システム』東洋経済新報社，1996年）．

Dertouzos, M.L., R.K. Lester, R.M. Solow and the MIT Commission on Industrial Productivity [1989] *Made in America*, MIT Press（依田直也訳『Made in America——アメリカ再生のための米日欧産業比較』草思社, 1990年).

Dore, R. [2000] *Stock Market Capitalism: Welfare Capitalism——Japan and Germany versus the Anglo-Saxons*, Oxford University Press（藤井眞人訳『日本型資本主義と市場主義の衝突——日・独対アングロサクソン』東洋経済新報社, 2001年).

Friedman, M. [1962] *Capitalism and Freedom*, University of Chicago Press（熊谷尚夫・西山千明・白井孝昌訳『資本主義と自由』マグロウヒル好学社, 1975年).

Gray, J. [1998] *False Dawn: The Delusions of Global Capitalism*, Granta Publications（石塚雅彦訳『グローバリズムという幻想』日本経済新聞社, 1999年).

Hayek, F.A. [1944] *The Road to Serfdom*, Routledge & Kegan Paul（西山千明訳『隷属への道』春秋社, 1992年).

Hayek, F.A. [1948] "The Use of Knowledge in Society," in *Individualism and Economic Order*, Routledge & Kegan Paul（「社会における知識の利用」嘉治元郎・嘉治佐代訳『個人主義と経済秩序』ハイエク全集第3巻, 春秋社, 1990年).

Hayek, F.A. [1960] *The Constitution of Liberty*, Routledge & Kegan Paul（気賀健三・古賀勝次郎訳『自由の条件』Ⅰ～Ⅲ, ハイエク全集第5～7巻, 春秋社, 1986～87年).

Itoh, H. [1994] "Japanese Human Resource Management from the Viewpoint of Incentive Theory," in M. Aoki and R. Dore (eds.), *The Japanese Firm: Sources of Competitive Strength*, Oxford University Press（「インセンティブ理論の見地からみた日本企業の人的資源のマネジメント」NTTデータ通信システム科学研究所訳『国際・学際研究システムとしての日本企業』NTT出版, 1995年).

Jacoby, S.M. [2005] *The Embedded Corporation*, Princeton University Press（鈴木良始・伊藤健市・堀龍二訳『日本の人事部・アメリカの人事部——日米企業のコーポレート・ガバナンスと雇用関係』東洋経済新報社, 2005年).

Johnson, C. [1982] *MITI and the Japanese Miracle*, Stanford University Press（矢野敏比古監訳『通産省と日本の奇跡』TBSブリタニカ, 1982年).

Koo, R.C. [2003] *Balance Sheet Recession*, John Wiley & Sons（楡井浩一訳『デフレとバランスシート不況の経済学』徳間書店, 2003年).

Maddison, A. [1989] *The World Economy in the 20th Century*, OECD（金森久雄監訳『20世紀の世界経済』東洋経済新報社, 1990年).

Minami, R. and W. Jiang [1999] "Social and Political Impacts of Income Distribution: The Japanese Experience," in R. Minami, K.S. Kim and M. Falkus (eds.), *Growth, Distribution and Political Change: Asia and the Wider World*, Macmillan（「所得分布の社会的・政治的衝撃：日本の経験」牧野文夫・橋野篤・橋野知子訳『所得不平等の政治経済学』東洋経済新報社, 2000年).

OECD [1993] *OECD Employment Outlook.*

Sawyer, M. [1976] "Income Distribution in OECD Countries," *OECD Economic Outlook.*

Stiglitz, J.E. [2002] *Globalization and Its Discontents,* W.W.Norton & Company（鈴木主税訳『世界を不幸にしたグローバリズムの正体』徳間書店，2002年）．

Stiglitz, J.E. [2003] *The Roaring Nineties,* W.W.Norton & Company（鈴木主税訳『人間が幸福になる経済とは何か――世界が90年代の失敗から学んだこと』徳間書店，2003年）．

# 索　引

## あ　行

愛社精神　74
IT化　80
ITバブル　38,111
アジア経済危機　38,125
アメリカ型企業システム　35,49,107
アメリカ型企業統治　106
アメリカ型経済システム　159
アメリカ型生活スタイル　39
アメリカ経済　49,154,162
アメリカのインパクト　29
安定株主　13,102
安定経済成長　39
安定成長期　4
委員会(等)設置会社　113,117
いざなぎ景気　4,50
一億総中流社会　8
一元的シェアリング　70
インフレ・ターゲット論　142
運命共同体的意識　58,67
衛生要因　90
FA制　94
M&A（合併・買収）　108,110
円高阻止　52
縁辺労働力　31
円安誘導　52
エンロン　49,122
大きな政府　36,153,156
遅い選抜　96,97

## か　行

解雇　64
外国人株主　113
科学的知識　148
価格メカニズムへの信頼　130
格差社会　9,44,63
貸し渋り　128,138
貸し剝がし　128,138
価値観　49

株式(の相互)持合　13,102,117
　　――の解消　113
株主主権　103
株主総会　102
株主代表訴訟　113
株主の声　111
貨幣の機能　131
関係特殊的投資　14
監視のガバナンス　67
管理職の評価者としての能力　88,93
機関投資家　107
　　――の台頭　113
企業システムへの批判　34
企業特殊的技能　10,58
企業不祥事　105
企業文化　66
企業別労働組合　12
企業への忠誠心　74
技術集約的製品　40
規制緩和(論)　47,127,137
希望退職者の募集　64
キャッチアップ過程の終焉　40
求職意欲喪失者　23
供給側の重視　130
協調性　10,58,75
勤続年数の国際比較　58
金融危機　138
金融庁の金融検査　142
金融の自由化　48
金融ビッグバン　142
苦情処理制度　94
クラウディング・アウト　42,141
グローバリゼーション　125,166
グローバル化　80
景気対策　136
経済大国　4,5
経済的自由　149
経済の成熟化　39
系列取引　14,53
ケインズ政策　16,41

ケインズの貨幣観　133
ケインズの新古典派批判　132
研究開発　105
　　——費の対名目 GDP 比　114
現場感覚　119
小泉政権　38,43,136,155
公共性への関心　157
高生産性部門　20
合成の誤謬　52
構造改革（論）　38,50,141
公的年金基金　107
高度経済成長　39
高度成長期　4,39
効率と平等のトレードオフ　45
国際競争力　40,112,138,163
国債購入　136
国債償還の問題　136
国家総動員体制　29
コーポレート・ガバナンス（企業統治）
　の変化　71
雇用調整のパターン　64
雇用の流動化　62
混合経済体制　145
　　——化　29,30,152,164
　　——の多様性　158
根本的（な）改革　49,163

### さ 行

財政赤字　41,126,135
財政再建　136
財政による景気拡大政策　126,134
財政破綻　41,127,135
財政を通じた所得再分配　17
財閥解体　23
財閥資本主義　29
再分配政策　18
サッチャー政権　125,153
サッチャリズム　141,155
査定　11,77
サブプライム問題　111
残業規制　64
産業政策　25
産業保護政策　21
自営業モデル　31

時価会計　113
市場経済　24,146
市場主義　34,125,126,165,166
市場の失敗　26,47,151,156
実感なき景気回復　28,50
失業率の推移　7
執行役員制　113
ジニ係数の長期変動　8
自発性のガバナンス　67
自発性の企業文化　67,120
資本主義の黄金時代　165
社会慣習　163
社会主義　146
社会的資産　112
社外取締役　107
社内公募制　94
従業員主権　103
自由競争　24,150
終身雇用の崩壊　62
柔軟な職務編成　59,78
自由の基礎条件　150
出向　64
出世競争　77
勝者総取り　99
状態依存型ガバナンス　121
情報共有　59
情報の交換・共有・蓄積　10,58
将来世代への負担　41,127,135
職能資格制度　97
職場ローテーション　59,78
所得再分配による所得格差是正効果
　19
所得分配の平等化　8,152
所得分配の平等・不平等の国際比較
　28
所得分配の不平等化　43,155
新株予約権の割り当て　118
新古典派経済学　130,147,166,167
新古典派の貨幣観　130
人材育成　68,90,93,105
人事考課　77,93
新自由主義　46,153,157
進歩史観　159
信頼関係　10,58,104

索引 179

水平的調整　70
数値化できない部分　93
スタグフレーション　141, 153, 155
ステークホルダー　103
ストック・オプション　107
　──の解禁　113
成果主義　74, 78
生活保障給　96
制度的補完性　30
政府規制　20, 47, 156
政府システムへの批判　35
政府の失敗　153, 156
セイ法則　130
積極的な産業政策　25
絶対評価　85
設備投資　105
戦後改革　23
戦後復興期　4
戦時期源流論　29
先進諸国の経済成長率　5
漸進的改革　164
専門職の昇進コース　94
総需要管理政策　16
相対評価　85
組織能力　65

た　行

第1次石油ショック　5, 39
大企業モデル　31
大衆消費社会　22, 165
脱成果主義　99
地域間格差の是正　18
小さな政府　36, 153, 156
チームワーク　10, 58, 75
蓄財欲　141
知識の利用　147, 149
知的熟練　70
中小企業モデル　31
長期雇用慣行　10, 57
長期的(な)視野　14, 104
長期の競争　96, 97
賃金格差　83
賃金カーブのフラット化　81
賃金年功度の国際比較　75

通産省の産業政策　25
ディスインフレ　141, 155
低生産性部門　20
敵対的買収　48, 103, 117, 118
デフレ　136, 141, 155
電算型賃金体系　96
ドイツの経済　160
特定の状況についての知識　148
トヨタ自動車　65, 68, 119
取締役会　102

な　行

内発的動機づけの理論　90
内部昇進　13, 103
内部組織化　14
2・26事件　29
日本型企業システム　15, 40, 104, 127, 138
日本型企業統治　13, 102
日本型経済システム　9, 159
　──への批判　34
日本型成果主義　98
日本型年功性　90
日本株式会社論　24
ネオアメリカ型資本主義　159
年功賃金制　11, 74
農業の兼業化　24
農村の貧困　29
農地改革　23
能力主義　11, 74, 77, 79

は　行

ハイエク　147
配置転換　59, 64
橋本政権　38, 43, 136
発展指向型国家　32
幅広い技能形成　59
バブル景気　50
バブル経済　111
バブル(経済の)崩壊　5, 38, 111
早い選抜　97
ヒエラルキー的調整　70
比較制度分析　30
非正規雇用者　44, 63

評価システム　88
評価のインフレ　85
標準労働者　62,81
平等主義　77
非労働力化　23
不確実性への対応　59
不均衡な発展　20
福祉国家化　152
不良債権　38,128,138
　——の最終処理　128,139
ブルーカラーのホワイトカラー化　96
プロセスを評価する　93
文化　112,163
分散シェアリング　70
ペイオフ解禁　142
平成不況　38,111
　——期　5
変化への対応　59
傍流経験　120

## ま 行

摩擦調整的な産業政策　20
みせかけの不平等化　43
未来傾斜原理　90
ミレニアム景気　51
民間部門のダイナミズム　24
民主主義　157
村上ファンド　48,118
メインバンク　104
目標管理制度　86

物言わぬ株主　13,103
問題処理能力　59

## や 行

有効需要の原理　16,132
優秀企業　66,118
有用な社会資本　42,135
よき経営　118

## ら 行

ライブドア　48,118
ライン型資本主義　160
利益誘導型政治　157
理性の思い上がり　149
流動性選好　133
流動性保有願望　141
倫理観　49,163
レーガノミックス　141,154
レーガン政権　46,125,153
歴史的状況　156,164
歴史的所産　112
連結会計　113
労使協調　12
労働改革　23
労働市場の整備　128,139
労働争議　12

## わ 行

ワールドコム　49,122

著者紹介

江川　美紀夫（えがわ　みきお）

1952年　東京都生まれ
1976年　明治大学政治経済学部卒業
1984年　早稲田大学大学院経済学研究科博士後期課程単位取得退学
現　在　亜細亜大学国際関係学部教授
専　攻　経済体制論，日本経済論
主な論文　「日本型企業システムと平成不況」『国際関係紀要』（亜細亜大学）第13巻第1号，2003年。
　　　　「市場主義の誤り――平成不況への間違った処方箋」『国際関係紀要』（亜細亜大学）第15巻第1号，2005年。
　　　　「混合経済体制論」『国際関係紀要』（亜細亜大学）第15巻第2号，2006年。

### 日本型経済システム――市場主義への批判

2008年6月30日　第1版第1刷発行

著　者　江　川　美紀夫
発行者　田　中　千津子
発行所　㈱ 学 文 社

〒153-0064　東京都目黒区下目黒3－6－1
電話　(03)3715-1501代　振替　00130-9-98842
http://www.gakubunsha.com

落丁・乱丁本は，本社にてお取り替えします。　印刷／東光整版印刷㈱
定価は売上カード・カバーに表示してあります。　〈検印省略〉

ISBN 978-4-7620-1857-2
Ⓒ 2008　EGAWA Mikio　Printed in Japan